CHICKSLOVEFOOD

HET SKINNY SIX-KOOKBOEK

Voor onze grote én kleine mannen :-)

NW'ADAM

Eerste druk, september 2015

Omslagontwerp en boekverzorging Sophi Deinum
Fotografie Mariët Mons en Harold Pereira
NUR 440
ISBN 978 90 468 2009 4
www.nieuwamsterdam.nl/chickslovefood
www.chickslovefood.com

Voorwoord

'Dit weekend was weer zó skinny, babe. Pizza, kaasstengels, croissantjes en patat. Oh en een lading chocolade natuurlijk'

'Whahaa. Nice. Gelukkig morgen maandag, doen we weer gezond'

'Echt hè? Misschien moeten we wel standaard op maandag een heel skinny recept delen op ons blog'

'Oh das leuk!'

'Met weinig ingrediënten. Net zoals de 5 or less'

'6 dan?'

'Jaaa Skinny Six, dat bekt lekker!'

Word jij ook zo blij van supergezonde recepten zonder ellenlange ingrediëntenlijsten? Maar haak je af bij het idee van 3 eetlepels spirulina-poeder door je pannenkoekenbeslag of ontbijten met 2 soorten moerbeien door je smoothie? We feel you. Daarom is er nu dit boek.

Bomvol écht makkelijke, gezonde en toegankelijke recepten, van ontbijt tot dessert. Allemaal met 6 ingrediënten of minder. En denk dan niet alleen aan salades. Zelfs pizza's, pannenkoeken en pastaatjes komen langs. Om de week vervolgens af te sluiten met een portie bitterballen en een stuk carrot cake. Dat allemaal skinny style. Wat wil je nog meer?

Dit boek wordt jouw skinny receptenbijbel zonder poespas. Enjoy!

Liefs, Nina & Elise

www.chickslovefood.com

Inhoud

Psst... Trek gekregen bij de
aanblik van deze god-de-lijke
skinny candybars? Blader direct
door naar pag. 60

Wist je dat...

Ons foodblog inmiddels een online zusje heeft? Chickslovehappiness.com: het meest blije blog van Nederland. En stay tuned voor het kleine broertje: Chickslovelittleones.com...

Chickslovefood, Six & Skinny

'Check je mail.'

'OMG, een tweede boek!'

'YESSS.'

'Dat moet een Skinny Six-kookboek worden, toch?'

'Eens!'

Over dé chicks

Nadat we elkaar leerden kennen tijdens onze masterstudie Media & Journalistiek en samen op kamers gingen, bedachten we op een avond dat het leuk zou zijn om online onze maaltijden te delen. Leuk voor onze moeders, kunnen ze meekijken. Nu, ruim 4 jaar later, is Chickslovefood.com uitgegroeid tot 's lands leukste foodblog met ruim 350.000 unieke bezoekers per maand. Vorig jaar brachten we ons eerste boek uit, Chickslovefood: het 5 or less-kookboek, dat als zoete broodjes over de toonbank ging. Zo'n succes, dat we na een half jaar vanuit de uitgeverij de vraag kregen of we een tweede boek wilden maken. Uhh, ja!

Geen Five, maar Six...

In ons eerste boek, het 5 or less-kookboek, staan alleen maar recepten met 5 of minder ingrediënten. Ditmaal maken we er maximaal 6 van. En er is nog een verschil. Het Skinny Six-boek is net wat gezonder dan het 5 or less-boek. Waar we in ons eerste boek heerlijk koken met bijvoorbeeld wat room, een klein beetje kaas en sinneren met suiker en boter (mmm!), gaan we in dit tweede boek all the way op de skinny tour. Dat betekent súper-gezonde recepten, met weinig poespas. Maar natuurlijk nog steeds wel gruwelijk lekker!

Wat is Skinny?

Neehee, skinny is niet zonder vet, caloriearm en light. Zie het met een dikke knipoog. We zijn geen voedingsdeskundigen, tellen geen calorieën en pluizen niet alle voedingswaarden uit. Vinden we niet leuk. En eten moet wel leuk blijven, toch? We smullen van avocado's en soms gaat er een hand noten door een recept. En da's allesbehalve caloriearm. Maar wel gezond en beter voor je lichaam dan een liter cola light of 10+kaasplakken, denken we.
Wat er dan wel skinny is aan dit boek? De recepten bevatten pure ingrediënten, zonder toevoegingen en alles met mate. We zijn ervan overtuigd dat als je op die manier eet, je skinny wordt én blijft. Verder zijn we tijdens het maken van dit boek afgekickt van onze kaasverslaving. We hebben zúlke lekkere recepten bedacht (schouderklopje voor onszelf), dat we de meest romige varianten totaal niet missen. Sowieso zijn bijna alle recepten

zuivelvrij, evenals tarwevrij. Zodat ook mensen met intoleranties of allergieën kunnen genieten van de meeste recepten in ons boek. En o ja, nog iets wat we niet héél skinny vinden: geraffineerde suiker. Wat dadels of een paar eetlepels biologische honing van goede kwaliteit en je staat versteld van wat voor heerlijke zoete baksels je kunt maken.

Good to know

Hoewel de recepten voor zich spreken en je waarschijnlijk onze tips niet nodig hebt, hieronder toch een lijstje waar je misschien wat aan hebt.

Vervangtips

Heb je een allergie of ben je gewoon geen fan van bepaalde producten? Soms kun je gemakkelijk een vervangend product kiezen.

- Zo is gewone melk te vervangen door een plantaardige, ongezoete versie, zoals amandelmelk of havermelk. Of andersom natuurlijk. Als je in een recept 'melk naar keuze' ziet staan, betekent dat dat je alle melksoorten kunt gebruiken.
- Honing kun je prima voor je favo zoetmaker zoals agavesiroop of kokosbloesemsuiker inruilen.
- Ook bij meelsoorten kun je variëren, alleen zijn hier soms de verhoudingen anders, dus dat is een kwestie van trial and error. Or not. :-)

Keukentips

- De g in de recepten staat voor gram, el is een eetlepel, tl een theelepel, ml staat voor milliliter en cm betekent centimeter.
- Bakken doen we het liefst in kokos-, zonnebloem- of olijfolie. Over de salade gaat het liefst extra vierge olijfolie. Aziatische gerechten krijgen meer smaak door kokosolie met kokossmaak. Als we echt een favo olie bij een recept hebben, zetten we dat erbij.
- Peper en zout komen bij ons uit de molen, yum!
- Van dierlijke producten en groenten en fruit waarvan je de schil gebruikt, kopen we de biologische varianten.
- Als we noten gebruiken, kiezen we het liefst de ongebrande variant. Deze vind je bij elke biologische supermarkt.
- Onze koekenpannen hebben altijd een goede antiaanbaklaag.
- Water koken in de waterkoker voordat je het in de pan giet, scheelt weer tijd.
- Iedere oven is anders, je kent je eigen oven het beste. Blijf dus in de buurt van de oven terwijl je gerechten bakt.

Boodschappentips

- Wij halen de meeste boodschappen bij de gewone supermarkt. Speltmeel en -bloem, boekweitmeel en -korrels, amandelmelk, tahin, gedroogde mango, tempeh en amandelmeel kun je bij sommige grote gewone supers krijgen, maar wij gaan hiervoor ook wel naar de biologische supermarkt.
- Eens per maand lopen we een rondje door de Chinese supermarkt voor edamamebonen, rijstvellen en sobanoedels.
- Kun je een ingrediënt niet vinden? Zoek eens online.

OUI

Skinny eetdagboek van de chicks

Op een skinny dag...

Nina: 'Eet ik 3 maaltijden en 2 tussendoortjes. Als ontbijt een groene smoothie (zolang er banaan in zit, is-ie lekker!), als tussendoortje wat noten en rozijnen en voor de lunch een salade met een snee brood. Om 16.00u krijg ik meestal snaaizin, dan neem ik een home-made mueslireep of zo. En als diner het liefst een maaltijdsoep of iets met zoete aardappel.'
Elise: 'Bij mij ziet zo'n dag er wel een beetje hetzelfde uit. Graag eet ik op zo'n dag 3x groenten. Ik ontbijt het liefst met een groene smoothie en wat havermout en noten met ongezoete amandelmelk. Of een zoete aardappelmuffin! Lunchen met een flinke salade en 's avonds weer een lading groenten op m'n bord. Het liefst een soep, dat geeft me echt zo'n healthy gevoel! Ik hoef op zo'n dag niet af te vallen, dus ik probeer regelmatig en voldoende te eten. Dus zeker nog 2 gezonde tussendoortjes en 2 stuks fruit.'

Chicks en sporten?

Elise: 'Na een fanatiek sportverleden, ik speelde hoofdklasse korfbal en daarna heb ik gewerkt als aerobicinstructrice, doe ik op dit moment niks aan sport. Echt om te schamen, al helemaal omdat mijn vriend sportdocent is bij Defensie. Met Samuel ben ik de hele dag bezig en wandel ik veel, waardoor ik wel het gevoel heb dat ik een actief genoeg leven leid. Nina is veel actiever.'
Nina: 'Nou dat valt wel mee hoor, haha. Vroeger was ik van de hockey, tennis en ballet. Inmiddels houd ik het bij yoga en joggen. Ik probeer om de dag 5 km te rennen. Meer niet, omdat ik het gewoon niet leuk genoeg vind. Wandelen doe ik trouwens ook veel. Da's echt my inner granny die dan boven komt, liefst iedere dag een half uur.'

En sinneren?

Nina: 'Tuurlijk houd ik van chocolade op z'n tijd (zeezout-karamel!), maar echt sinneren doe ik met hartige dingen. Kaaskoekjes, zoute stokjes, toastjes met de lekkerste kaasjes. Mijn number one sinner is gefrituurde kaasstengels met chilisaus. En wijn, veel wijn.'
Elise: 'Ja, dat zijn ook mijn favo's. Van maandag tot vrijdag eet ik het liefst alleen maar gezond. In het weekend ben ik van de croissants, bitterballen, naturel chips en chocolade. Dus dan neem ik het ervan. Zondagavond ben ik verzadigd en heb ik alweer zin in een healthy week.'

Onze musthave keukentools zijn...

Elise: 'Met stip op 1: mijn keukenmachine. Ik kan niet zonder dat ding en gebruik 'm meerdere malen per dag. Een echt goede keukenmachine is een dure investering, maar naar mijn mening echt iedere euro waard! Daarnaast kan ik niet zonder goede koekenpannen en een paar scherpe keukenmessen: een aparte voor groenten, vlees en brood.'
Nina: 'Dat van de koekenpannen is een goede. Dat heb ik ook. Verder hecht ik eigenlijk niet heel veel waarde aan dure keukenspullen, maar mijn blender is wel echt mijn beste vriend. Iedere ochtend maalt dat ding een supersmoothie voor me. Zo krachtig!'

In de keuken is altijd aanwezig...

Nina: 'Kokosolie, extra vierge olijfolie, kaas, véél knoflook en véél fruit.'

Elise: 'Een pot paprikapoeder, kaneel, Provençaalse kruiden, een bol knoflook, peperkorrels en grof zeezout. Verder altijd wel pakken plantaardige melk, ook omdat Samuel dit drinkt. En dikke rijstwafels met pindakaas!'

Manproof skinny food is...

Elise: 'Vooral de zoete baksels, haha. Mijn vriend is dol op zoetigheid en vindt het fantastisch als iets zoets dan niet slecht is. Hij is gek op het skinny banana bread, de peanutbars en de ontbijtkoek uit dit boek. Gelukkig lust hij echt bijna alles.'

Nina: 'Bart is ook echt een alleseter, erg relaxed. Zelfs mijn tempehbaksels en vegetarische burgers eet hij met liefde op. Dus eigenlijk alle recepten uit dit boek :-).'

Een skinny weekend is...

Nina: 'Dat is voor mij echt zeldzaam, eerlijk gezegd, haha.'

Elise: 'Bij mij ook! Alleen als ik doordeweeks al veel heb zitten schransen, probeer ik het weekend juist gezond te houden.'

Nina: 'Ja, of als ik écht een healthy vibe heb, vlak voor een vakantie of zo, dan wil ik dat nog wel eens doortrekken naar het weekend. Dan maak ik wel iets meer werk van m'n maaltijden, zoals ontbijten met een pannenkoek en 's avonds als toetje een skinny sinner.'

ONTBIJT

De belangrijkste maaltijd van de dag, daar besteden we maar wat graag aandacht aan. Van doordeweeks een lekkere ontbijtdrink of een appeltaartpapje, tot zoete aardappelmuffins en goedgevulde pannenkoeken in het weekend.

En dat natuurlijk allemaal skinny style!

Maak een dubbele portie en vries de muffins die overblijven (en dat is een uitdaging) per 2 stuks in. Verwarm de bevroren muffins 's ochtends enkele minuten in de oven en je hebt supersnel warme, geurige zoete aardappelmuffins als ontbijt!

Zoete aardappelmuffins

Elise: 'Kijk uit, want dit is een gevaarlijk recept. Nadat ik voor het eerst muffins met zoete aardappel maakte als ontbijt, was ik namelijk meteen verslaafd. Echt! De combi met de vanille vind ik ultiem. Speciaal voor dit boek heb ik een skinny versie bedacht. Zodat je ze écht elke ochtend mag eten.'

BEREIDINGSTIJD: 45 MINUTEN

MEN NEME (VOOR 5 MUFFINS):

- 1 zoete aardappel (zo'n 225 g)
- 2 eieren
- 100 g amandelmeel
- 3 el honing
- 1 vanillestokje
- 1 hand hazelnoten

EN ZO DOE JE HET:

- Verwarm de oven voor op 200 graden.
- Schil de zoete aardappel, snijd 'm in dunne plakjes en doe in een pan met kokend water.
- Kook de stukjes in zo'n 10 minuten gaar.
- Meng ondertussen de eieren, het amandelmeel, de honing en het merg uit het vanillestokje in een kom met een garde door elkaar.
- Hak de hazelnoten met een mes of vijzel tot grove stukjes en voeg toe aan het beslag.
- Giet het water van de gekookte zoete aardappel af, doe de stukjes bij het beslag en prak door met een vork. Roer alles goed door elkaar.
- Vet 5 holtes van een muffinvorm licht in met wat olie en schep de holtes helemaal vol met het beslag.
- Zet de vorm in de oven en bak de muffins in 30 minuten gaar.

Tip

Een siliconen muffinvorm zorgt ervoor dat je de muffins goed uit de vormpjes krijgt. Heb je een gewone muffinvorm? Schep het beslag dan eerst in papieren cupjes.

Omelet in a mug

Nina: 'Dat je een zoet cakeje in een mok kunt maken, wist je misschien al wel. Maar een hartige omelet? Vriendin Anne vertelde me dat zij dat regelmatig doet. Nou, ik vanaf nu ook, lekker! En haar geheime ingrediënt, mosterd, heb ik van haar gepikt :-).'

BEREIDINGSTIJD: 10 MINUTEN

MEN NEME (VOOR 1 PERSOON):

- 2 eieren
- 100 ml melk naar keuze
- 1 tl grove mosterd
- 1 bosuitje
- 1 kwart rode paprika
- 2 rijstwafels

EN ZO DOE JE HET:

- Doe de eieren in een mok.
- Voeg de melk en de mosterd toe en roer alles goed door met een vork.
- Snijd het bosuitje in ringetjes en de paprika in blokjes.
- Doe driekwart van de bosui en alle paprika samen met een flinke snuf zwarte peper en zout in de mok en roer weer door.
- Zet de mok in de magnetron en verwarm zo'n 3 tot 4 minuten op de hoogste stand. Blijf wel even in de buurt! Het hangt af van de grootte van je mok en de kracht van je magnetron hoelang het precies duurt. Als je omelet er goed gaar uitziet en boven de mok is uitgerezen, is-ie klaar.
- Stort op een bord en laat 1 minuut afkoelen.
- Laat eventueel vrijgekomen vocht van je bord lopen.
- Verdeel de laatste bosuiringetjes over je luchtige omelet en serveer 'm met de rijstwafels.

Dit recept is ook heerlijk met een snee geroosterd speltbrood in plaats van de rijstwafels.

Appeltaartpap

Nina: 'Als je aan appeltaart denkt, denk je waarschijnlijk aan suiker en zoetigheid. Maar nee hoor, dit ontbijt is echt gezond én lekker natuurlijk!'

BEREIDINGSTIJD: 25 MINUTEN

MEN NEME (VOOR 2 PERSONEN):
- 2 appels
- 80 g havermout
- 400 ml amandelmelk
- 2 handen rozijnen
- 1 el kaneel

EN ZO DOE JE HET:
- Schil de appels en snijd ze in stukjes.
- Doe alles in een pan samen met 200 ml water en breng zachtjes aan de kook.
- Laat pruttelen totdat je een dikke, slijmerige pap hebt. Dat zal zo'n 15 tot 20 minuten duren. Roer goed door, anders bakt het aan.
- Verdeel de pap over de kommeltjes en maak af met nog wat extra kaneel.

Tip

Ben jij een échte zoetekauw? Dan kun je nog wat honing toevoegen.

3x Pannenkoek

Elise: 'In het weekend ontbijten met pannenkoeken, ik kan mijn mannen thuis niet blijer maken. Ik maak ze het liefst dan wel skinny style, zonder dat ze het doorhebben, haha. En dat lukt me aardig met deze 3 lekkere varianten.'

HAVERMOUT-BANAAN-PANNENKOEK

BOSBESSENPANNENKOEK
APPEL-SPECULAASPANNENKOEK

HAVERMOUT-BANAAN-PANNENKOEK

(VOOR 2 PANNENKOEKEN)

Maal 100 g havermout in een keukenmachine tot een fijn meel. Voeg 1 banaan, 1 klein handje walnoten, 1 ei, 2 tl kaneel, 175 ml havermelk en 1 snuf zout toe en meng tot een grof beslag. Verwarm 1 el olie in een koekenpan en schenk de helft van het beslag in de pan. Bak de pannenkoek om en om in enkele minuten goudbruin. Bak nog zo'n pannenkoek met de andere helft van het beslag. Snijd nog 1 banaan in stukjes en beleg daar de pannenkoeken mee. Maak af met nog een snuf kaneel. Ze blijven door de gemalen banaan een beetje fluffy!

BEREIDINGSTIJD: 10 MINUTEN

APPEL-SPECULAAS-PANNENKOEK

(VOOR 2 PANNENKOEKEN)

Meng 100 g boekweitmeel, 2 tl speculaaskruiden, 1 ei en 150 ml melk naar keuze in een kom tot een glad beslag. Schil 1 halve appel en snijd hem in dunne plakjes. Verwarm 1 el olie in een koekenpan en schenk de helft van het beslag in de pan. Bedek de pannenkoek met de helft van de appelpartjes en bak de pannenkoek om en om in enkele minuten goudbruin. Bak nog zo'n pannenkoek met de andere helft van het beslag. Serveer de pannenkoeken met honing.

BEREIDINGSTIJD: 10 MINUTEN

BOSBESSEN-PANNENKOEK

(VOOR 2 PANNENKOEKEN)

Meng 100 g volkoren speltmeel, 150 ml melk naar keuze en 1 ei in een kom goed door elkaar tot een glad beslag. Roer de blauwe bessen erdoor. Verwarm 1 el olie in een koekenpan en schenk de helft van het beslag in de pan. Bak de pannenkoek om en om in enkele minuten goudbruin. Bak nog zo'n pannenkoek met de andere helft van het beslag. Serveer de pannenkoeken met honing.

BEREIDINGSTIJD: 10 MINUTEN

In de supermarkt kun je doosjes of zakjes verschillende pitten kopen. Denk aan een mix van bijvoorbeeld zonnebloem-, pompoen- en pijnboompitten. Maar als 1 pit jouw favo is, kun je natuurlijk ook alleen die gebruiken voor deze cruesli.

Cruesli met abrikozen

Nina: 'Cruesli is wat meer crunchy en vaak wat zoeter dan muesli. Maar dat betekent niet dat het niet gezond kan zijn. Deze variant met gedroogde abrikoos is hartstikke verantwoord!'

BEREIDINGSTIJD: 25 MINUTEN

MEN NEME (VOOR 2 PERSONEN):
- 1 hand gedroogde abrikozen
- 1 ei
- 3 el honing
- 50 g pittenmix
- 50 g havervlokken
- 400 ml Griekse yoghurt

EN ZO DOE JE HET:
- Verwarm de oven voor op 180 graden.
- Snijd de abrikozen in kleine stukjes.
- Roer alle ingrediënten, behalve de yoghurt, samen met 1 eetlepel olie door elkaar totdat je een plakkerige massa hebt.
- Bekleed een ovenplaat met bakpapier en verdeel het mengsel erover.
- Bak het geheel 9 minuten, roer dan even door en bak nogmaals 9 minuten.
- Haal de ovenplaat uit de oven en laat helemaal afkoelen.
- Breek de plak in stukjes en verdeel over 2 bakjes Griekse yoghurt. Smullen maar!

Eitje in avocado

Elise: 'Hier thuis gaan er iedere week wel een stuk of 5 avocado's doorheen. We love them, op elk tijdstip van de dag. Dus ook als ontbijt. Lekker met een eitje erin. Hoe leuk ziet dit eruit? Morning!'

BEREIDINGSTIJD: 25 MINUTEN

MEN NEME (VOOR 2 PERSONEN):
- 1 avocado
- 2 eieren
- 10 cherrytomaatjes
- 4 plakken rookvlees
- 1 kleine hand bieslook

EN ZO DOE JE HET:
- Verwarm de oven voor op 200 graden.
- Snijd de avocado doormidden en verwijder de pit.
- Schep uit elke helft een flinke eetlepel vruchtvlees en doe dit in een kommetje. De holtes zijn nu groot genoeg voor de eitjes.
- Leg de avocadohelften in een ovenschaal en breek voorzichtig de eieren in de avocadoholtes. Bestrooi met peper en zout, zet de ovenschaal in de oven en bak in zo'n 20 minuten gaar.
- Snijd ondertussen de cherrytomaatjes in vieren, snijd het rookvlees in repen en knip de bieslook fijn. Doe dit in het kommetje bij het avocado-vruchtvlees, hussel door elkaar en voeg wat peper, zout en een paar druppels olie toe.
- Haal de avocado's uit de oven en leg ze elk op een bord. Serveer het rookvleesmengsel ernaast.

Serveertip

Lekker met de crackers van pagina 43 in plaats van met een boterham. That makes it six!

3x Ontbijtdrink

Nina: 'Doordeweeks ontbijt ik eigenlijk altijd met een groene smoothie, een shake met groenten en fruit dus. Niet alleen omdat ik denk dat het gezond is, maar ook omdat ik het echt zó lekker vind! Na wat geëxperimenteer kwam ik op onderstaande 3 ontbijtdrankjes. Ze zijn niet groen, wel alle 3 heerlijk.'

FRUIT-ONTBIJTJE

Voor een echte vitamine-C-boost, mix je 300 ml versgeperst sinaasappelsap, 1 geschilde peer, 1 perzik, 1 abrikoos, 1 geschilde avocado en 2 el lijnzaad in je blender. Schenk in 2 glazen en maak af met nog een beetje lijnzaad.

Go online!

De smoothiesmaak te pakken? Zoek op Chickslovefood.com eens op 'smoothie' en je krijgt verschillende enorm lekkere varianten voorgeschoteld!

CHOCO MILKSHAKE

Een ideale start van de dag wanneer je even geen zin hebt in groenten en fruit, maar toch graag een snel drinkontbijt wil. Voor 2 glazen doe je 500 ml amandelmelk, 4 el havervlokken, 4 el cacaopoeder en 6 ontpitte dadels in de blender. Mixen maar! Schenk in 2 glazen en maak af met nog enkele havervlokken.

MELON MELLOW

Een heerlijke, zijdezachte én goedvullende shake maak je door 200 ml soja-yoghurt, 150 ml water, 1 gepelde banaan, het merg uit 1 vanillestokje en 1 halve geschilde galiameloen te blenden. Genoeg voor 2 volle glazen!

Spelt-rozijnenscones

Nina: 'Mmm, ik ben dol op scones. Elise heeft me hiermee aangestoken, die bakte ze al zo'n beetje ieder weekend voordat ik eraan begon. Heerlijk ontbijtje voor een zondag. En naturel al superlekker, maar met wat magere kwark en aardbeien helemaal goddelijk.'

BEREIDINGSTIJD: 30 MINUTEN

MEN NEME (VOOR 8 SCONES):
- 250 g speltmeel
- 2,5 tl bakpoeder
- 3 el honing
- 1 ei
- 75 ml amandelmelk
- 1 flinke hand rozijnen

EN ZO DOE JE HET:
- Doe de rozijnen in een bakje water dat net van de kook af is en laat ze 10 minuten wellen.
- Verwarm de oven voor op 225 graden.
- Doe het speltmeel samen met het bakpoeder, de honing, de rozijnen, 50 ml olie (liefst kokosolie zonder smaak) en een snuf zout in de kom van je keukenmachine of in een gewone kom als je geen keukenmachine hebt.
- Klop de melk met het ei los.
- Doe vervolgens ook het ei-melk-mengsel in de kom, maar houd 1 eetlepel achter om later de scones mee te bestrijken.
- Kneed met je handen of de deeghaken van de keukenmachine het mengsel tot een deegbal.
- Rol dan met een deegroller de bal uit tot een deegplak van 1,5 centimeter dik.
- Steek vervolgens met een glas met een doorsnede van 6 centimeter 8 rondjes deeg uit.
- Leg de rondjes op een met bakpapier beklede ovenplaat en bestrijk ze met het achtergehouden eimengsel.
- Zet de ovenplaat in de oven en bak de scones in 12 minuten gaar.

Tip

Om de scones nog vullender te maken, kun je een hand ongebrande, ongezouten noten toevoegen! Dan krijg je een soort muesli-scones.

Banana bread

Elise: 'Een absolute online topper on the blog is het recept voor healthy banana bread. Mijn vriend Marcel heeft voor het eerst een gezond bananenbrood voor mij gebakken en sindsdien zijn Nina en ik fan. Deze variant bevat geen enkele andere zoetmaker dan bananen. En zoet dat-ie is... Dit moet je proberen!'

BEREIDINGSTIJD: 1 UUR EN 15 MINUTEN

MEN NEME (VOOR 1 BANANA BREAD):

- 4 bananen
- 150 g amandelmeel
- 3 eieren
- 1,5 tl bakpoeder
- 1 snuf kaneel
- 1 hand walnoten

EN ZO DOE JE HET:

- Verwarm de oven voor op 170 graden.
- Pel de bananen en doe er 3 in de kom van een keukenmachine.
- Doe het amandelmeel, de eieren, het bakpoeder en de kaneel erbij en maal door elkaar tot een glad mengsel.
- Voeg de walnoten toe en maal kort door het mengsel, zodat er nog stukjes walnoot overblijven.
- Snijd de overgebleven banaan in plakjes en roer deze door het beslag.
- Schep het beslag in een licht ingevette cakevorm.
- Zet de vorm in de oven en bak 'm 60-70 minuten.
- Haal het banana bread dan uit de oven, laat iets afkoelen en dan: aansnijden maar. Hij blijft kleffig van binnen, da's de bedoeling!

Tip

Heb je geen keukenmachine? Prak de bananen fijn met een vork en meng alle ingrediënten vervolgens met een mixer tot een glad beslag.

Vries de plakken
banana bread
per 2 stuks in.
's Avonds alvast
uit de vriezer
in de koelkast
en de volgende
ochtend heb je
een heerlijk snel
bananenontbijtje!

Minimal Fashion Concept

LUNCH

We houden van variatie tijdens de lunch. Zo vinden we het heerlijk om met een goedgevulde soep te lunchen (doperwtjes met garnalen, mmm!), is een lekkere quinoa- of bonensalade altijd meer dan welkom en zijn homemade crackers op een drukke werkdag echt een uitkomst.

En dat natuurlijk wel met maximaal 6 ingrediënten.

Quinoasalade met rosbief

Elise: 'Als ik thuis quinoa kook, maak ik mezelf niet geliefd. Want volgens Marcel is quinoa "toch niet serieus?". Maar toen ik een aantal gerechten had gemaakt als try-out voor het boek en hem vroeg welke hij het lekkerst vond, wees hij deze quinoasalade aan. "Huh? Maar er zit quinoa in," zei ik. "Ja, weet ik. Maar door de bite van de noten en die rosbief is het wel lekker. En die balsamico-uien zijn écht goed," aldus mijn vriend.'

BEREIDINGSTIJD: 20 MINUTEN

MEN NEME (VOOR 2 PERSONEN):
- 75 g quinoa
- 2 handen verse spinazie
- 1 hand pecannoten
- 1 rode ui
- 4 el balsamicoazijn
- 100 g gesneden rosbief

EN ZO DOE JE HET:
- Kook de quinoa volgens de verpakking.
- Snijd de spinazie in grove stukken en de ui in halve ringen.
- Rooster de pecannoten enkele minuten in een droge koekenpan. Haal uit de pan en zet even weg.
- Verwarm nu 2 eetlepels olie in de koekenpan, voeg de ui toe, gevolgd door 2 eetlepels balsamicoazijn en roer door elkaar.
- Bak de uien 5 minuten op laag vuur.
- Verdeel de spinazie over 2 borden en schep hier de quinoa op.
- Strooi de uien en de pecannoten over de salade en verdeel vervolgens de rosbief hierover.
- Meng de overgebleven 2 eetlepels balsamicoazijn met 2 eetlepels olie, wat peper en zout en sprenkel over de salade.

Ook lekker
met couscous!

Smeuïge slawraps

Nina: 'Toen ik Bart net leerde kennen aten we in zijn studentenhuis vaak wraps met een sausje en een dip uit zo'n supermarktpakket. De Mexicaanse of Griekse variant bijvoorbeeld. Nou, die tijd is voorbij. Deze Chickslovefood-variant is verser, lekkerder én gezonder!'

BEREIDINGSTIJD: 20 MINUTEN

MEN NEME (VOOR 2 PERSONEN):

- 1 aubergine
- 1 teen knoflook
- 1 avocado
- 1 el Griekse yoghurt
- 1 halve rode paprika
- 8 grote bladeren ijsbergsla

2x Tip

- Aubergine over? Snijd fijn en bak mee in de vulling voor de paprika's van pagina 76.
- Dit gerecht als diner? Vervang de slabladeren door wraps! Hoe je wraps maakt, ontdek je op pagina 97.

EN ZO DOE JE HET:

- Zet een grillpan op het vuur en laat warm worden.
- Schaaf ondertussen met een kaasschaaf in de lengte plakken van de aubergine. Je hebt 12 plakjes nodig.
- Bestrijk de plakken aan beide kanten met wat olie en bestrooi met peper en zout.
- Leg ze in de grillpan en gril aan beide kanten zo'n 3 minuten, totdat ze mooie strepen hebben.
- Ondertussen pers je het knoflookteentje en prak je de avocado samen met de knoflook, Griekse yoghurt, een scheutje olie en een flinke snuf peper en zout fijn tot een spread.
- Snijd de paprika in heel dunne reepjes.
- Was de slabladeren voorzichtig en dep ze droog. Leg er 2 op elkaar en besmeer met een eetlepel van het avocadomengsel. Je maakt dus 4 wraps.
- Leg hierop vervolgens 3 plakjes gegrilde aubergine en maak af met wat reepjes paprika.
- En nu rollen maar! Begin bij de kant waar het blad vastzat aan de krop en rol zo strak mogelijk op.
- Voilà! Wil je je slawraps nou zo mooi mogelijk opdienen, dan kun je aan de voorkant het slablad dat een beetje uitsteekt voorzichtig wegknippen. Jep, gewoon met een schaar!

Doperwtjessoep met garnalen

Elise: 'Lunchen met een goedgevulde soep geeft mij altijd zo'n healthy gevoel. Zeker als je 'm zelf hebt gemaakt. Deze doperwtjessoep heb je in slechts 15 minuten op tafel en is zó lekker door de combi van erwtjes met garnalen en dille. Zoiets wil je toch elke dag wel als lunch?'

BEREIDINGSTIJD: 15 MINUTEN

MEN NEME (VOOR 2 PERSONEN):
- 400 g doperwten uit de diepvries
- 2 tenen knoflook
- 1 bouillonblokje naar keuze
- 150 g gepelde en gekookte garnalen
- 1 hand dille
- 1 halve citroen

EN ZO DOE JE HET:
- Verwarm 1 eetlepel olie in een pan en voeg de doperwtjes en de helft van de uitgeperste knoflook toe.
- Roer door elkaar en bak 1 minuut.
- Voeg dan het bouillonblokje toe, gevolgd door 500 ml water.
- Zodra het water kookt, zet je het vuur lager en laat je het 8 minuten pruttelen.
- Verwarm ondertussen 1 flinke eetlepel olie in een koekenpan en bak de garnalen samen met de overgebleven knoflook, peper en zout op middelhoog vuur enkele minuten. Let op dat de knoflook niet verbrandt.
- Voeg de dille toe aan de doperwtensoep en maal het geheel met een staafmixer of keukenmachine tot een gladde soep.
- Doe de soep in 2 kommen, verdeel de garnalen erover en maak af met een kneep citroensap.

Go online!

Zelf soep maken kan echt met weinig ingrediënten én is zo gedaan! Ga naar Chickslovefood.com voor supersimpele soeprecepten zoals uiensoep in een broodje, groene aspergesoep of bonensoep.

3x Skinny spread op de cracker

Nina: 'Wat zien ze er lekker uit hè, deze homemade crackers! Om zo te eten, maar nóg lekkerder met een flinke lik van een van deze 3 spreads erop.'

SANDWICHSPREAD
TOFUSPREAD
MEXICAANSE BONENSPREAD

TOFUSPREAD

(VOOR 1 BAKJE/ ZO'N 8 CRACKERS)

Bak 1 teen geperste knoflook, 1 cm geschilde en fijngehakte verse gember en 1 fijngesneden halve rode peper zonder zaadjes 5 minuten aan in een koekenpan op laag vuur in een scheutje olie. Voeg 180 g gekruide tofublokjes toe en bak weer 5 minuten door. Schep in een blender of keukenmachine en laat 5 minuten afkoelen. Voeg dan 1 el sojasaus en 100 ml sojayoghurt toe. Meng tot een gladde spread.

BEREIDINGSTIJD: 15 MINUTEN

MEXICAANSE BONENSPREAD

(VOOR 1 BAKJE/ ZO'N 8 CRACKERS)

Spoel de bonen van 1 blikje rode kidneybonen (160 g, uitgelekt gewicht : zo'n 125 g) af onder de kraan. Doe ze in een blender of keukenmachine samen met 1 el tahin, 1 hand verse korianderblaadjes, het sap van 1 halve limoen, 1 geperste teen knoflook, 1 scheutje olie en een flinke snuf peper en zout. Meng tot een egale massa. Schep in een kommetje en maak af met nog wat korianderblaadjes.

BEREIDINGSTIJD: 5 MINUTEN

SANDWICHSPREAD

(VOOR 1 BAKJE/ ZO'N 8 CRACKERS)

Deze sandwichspread smaakt ook prima op een cracker. ;-) Hak 2 augurken, 1 rode paprika, 1 hand bladpeterselie en 1 wortel heel fijn in de keukenmachine. Voeg 1 kneep limoensap en een flinke snuf peper en zout toe. Spatel er ten slotte 50 ml magere kwark door.

BEREIDINGSTIJD: 5 MINUTEN

Tip

Geen keukenmachine of blender? De tofuspread en de Mexicaanse bonenspread kun je ook maken met een stevige staafmixer. Ook de sandwichspread is prima te doen zonder apparatuur, door de groenten heel fijn te snijden. Op die manier wordt de spread wat grover.

HOW TO

Crackers

Nina: 'Ik had niet gedacht dat zelf crackers maken zó simpel zou zijn! Deze healthy variantjes bevatten geen meel of zuivel en zijn echt héél erg lekker. Gewoon zo, of met een van de lekkere spreads van de pagina hiervoor. Smullen!'

BEREIDINGSTIJD: 45 MINUTEN

MEN NEME (VOOR 10-12 CRACKERS):

- 125 g gebroken lijnzaad
- 30 g pijnboompitten
- 30 g sesamzaad
- 40 g zonnebloempitten
- 40 g pompoenpitten

EN ZO DOE JE HET:

Stap 1: Verwarm de oven voor op 180 graden.

Stap 2: Doe alle zaden en pitten in een kom en voeg 1 eetlepel zout, 2 eetlepels olie en 180 ml water toe. Roer goed door en laat 20 minuten staan.

Stap 3: Bekleed een ovenplaat met bakpapier en schep hier het pittenmengsel op. Spreid goed uit. Leg er nu nog een vel bakpapier op en ga er even overheen met een deegroller. Zo krijg je een dunne en egale plak. Het bovenste vel bakpapier verwijder je weer.

Stap 4: Schuif de plaat de oven in en bak de zadenplak in 25 minuten lichtbruin.

Stap 5: Haal uit de oven en snijd in rechthoeken.

Stap 6: Draai de recht-hoeken om en zet de ovenplaat nog 5 minuten terug de oven in. Haal uit de oven en laat even afkoelen. They're ready to eat!

De crackers zijn het knapperigst als je ze kort na het bakken opeet. Toch langer bewaren? Doe ze zodra ze afgekoeld zijn in een luchtdichte trommel, dan kun je er de volgende dag ook nog van genieten.

Zoete aardappelsalade

Elise: 'Het is haast niet te geloven dat deze salade healthy is. Zó romig, dat-ie bijna net zo fout als aardappelsalade uit zo'n plastic emmer smaakt. Hier alleen geen liter mayo, slechts 6 eetlepels kwark. Geweldig toch?'

BEREIDINGSTIJD: 15 MINUTEN

MEN NEME (VOOR 2 PERSONEN):

- 3 zoete aardappels (zo'n 600 g)
- 2 bosuitjes
- 10 augurken
- 1 hand verse platte peterselie
- 2 avocado's
- 6 el magere kwark

EN ZO DOE JE HET:

- Schil de zoete aardappels, snijd ze in stukjes en doe ze in een pan met kokend water.
- Kook ze in zo'n 10 minuten beetgaar.
- Snijd ondertussen de bosuitjes in ringen, de augurken in plakjes en de peterselie fijn. Schil de avocado, verwijder de pit en snijd in blokjes.
- Doe dit allemaal in een kom, meng de kwark erdoor en breng op smaak met peper en zout.
- Giet de aardappelstukjes af en roer ze door het mengsel.
- Schep de salade op 2 bordjes en maak eventueel af met nog wat verse peterselie.

Go online!

Wist je dat wij fan zijn van zoete aardappels? Op Chickslovefood.com staan nog super veel andere recepten met zoete aardappel, zowel hartig als zoet!

Lekker met zoete aardappelfriet en een salade!

Broccoliburger met portobellobroodje

Nina: 'Ik ben echt gek op vegetarische burgers, van iedere groente- of bonensoort kun je wel een lekker exemplaar maken. Heerlijk op een knapperig broodje, maar ook erg lekker om als "broodje" een paddenstoel te nemen. Superskinny, en hoe leuk ziet het eruit?!'

BEREIDINGSTIJD: 30 MINUTEN

MEN NEME (VOOR 2 PERSONEN):

- 1 halve broccoli
- 4 portobello's
- 2 handen verse munt
- 10 el Griekse yoghurt
- 4 el speltmeel
- 1 ei

EN ZO DOE JE HET:

- Snijd de broccoli in roosjes en kook in een pan met water met een snuf zout in 5 minuten beetgaar.
- Giet af en laat 10 minuten uitdampen.
- Veeg ondertussen de portobello's schoon met keukenpapier en verwarm een scheut olie in een koekenpan. Bak de portobello's aan beide kanten 3 minuten aan. Haal uit de koekenpan en leg even weg.
- Snijd 1 hand munt fijn en meng door de Griekse yoghurt samen met een flinke snuf peper en zout. Zet even weg.
- Doe de broccoli in een keukenmachine samen met het ei, het speltmeel, 1 hand muntblaadjes en een flinke snuf peper en zout. Mix tot een grof mengsel. Te nat? Voeg dan nog een beetje speltmeel toe. Te droog? Doe er een scheutje water bij.
- Verwarm een scheut olie in een koekenpan en vorm 4 kleine burgers van het broccolimengsel. Bak per kant zo'n 5 minuten.
- Leg op 1 portobello 1 burgertje en schep er een flinke schep muntsaus op. Leg er vervolgens een andere portobello op als bovenste helft van het 'broodje'. Zo maak je in totaal 2 broodjes. Serveer het andere burgertje ernaast.

Go online!

Quinoaburger? Courgetteburger? Linzenburger? Je vindt ze allemaal op onze website!

Gebakken witte bonensalade

Elise: 'Wie dit gestart is weten we niet meer, maar zowel Nina als ik bakken soms onze bonen uit een pot op in een droge koekenpan. En dat is echt heel erg lekker! Bereid je favoriete salade en maak 'm af met een crunchy topping dankzij de bonen. Hieronder mijn favo variant!'

BEREIDINGSTIJD: 15 MINUTEN

MEN NEME (VOOR 2 PERSONEN):

- 225 g witte bonen uit een pot (uitlekgewicht zo'n 150 g)
- 2 tl komijnpoeder
- 75 g rucola
- 15 cherrytomaatjes
- 4 el zonnebloempitten
- 1 halve citroen

EN ZO DOE JE HET:

- Laat de bonen uitlekken en dep ze met wat keukenpapier droog.
- Zet een koekenpan op middelhoog vuur (zonder olie) en doe de bonen erin.
- Bestrooi met komijnpoeder, peper en zout en bak de bonen 5 minuten. Roer regelmatig door, anders branden ze aan.
- Doe ondertussen de rucola in een kom, halveer de tomaatjes, voeg deze toe en breng het geheel op smaak met een flinke snuf peper en zout en een scheut olie (liefst extra vierge olijfolie).
- Rooster de zonnebloempitten in een droge koekenpan in enkele minuten goudbruin. Strooi de pitten over de salade.
- Verdeel vervolgens de bonen over je salade en breng het geheel op smaak met nog een klein beetje olijfolie en een flinke kneep citroensap.

Ben je een peulvruchtenfreak?
Op pagina 116 vind je
een recept voor witte
bonen met amandelschaafsel,
geroosterde kikkererwten
én edamamebonen met sesam.

TUSSENDOORTJES

Dit hoofdstuk bewijst dat skinny eten en zoetigheid écht samen gaan! Wat denk je van peer-kaneel havermuffins of skinny ontbijtkoek?

Enne, skinny chocoladebar, iemand?

Fruitbiscuits

Elise: 'Dit is het ideale tussendoortje om mee te nemen. Zowel voor jezelf als voor kids. Want deze koekjes met rozijnen bevatten geen lading geraffineerde suiker, dus ze zijn verantwoord genoeg om mee te geven in de lunchtrommel, of gewoon lekker voor in je eigen tas!'

BEREIDINGSTIJD: 25 MINUTEN

MEN NEME (VOOR 10 BISCUITS):

- 150 g speltbloem
  + 2 el om te bestuiven
- 50 g rozijnen
- 8 gedroogde abrikozen
- 4 el honing
- 1 el kaneel
- 1 ei

EN ZO DOE JE HET:

- Verwarm de oven voor op 180 graden.
- Doe alle ingrediënten, behalve 1 eetlepel honing, in een keukenmachine, voeg 3 eetlepels olie toe en maal tot een grof mengsel. Je moet een bal kunnen maken van het mengsel. Is het te droog? Voeg een klein scheutje water toe.
- Schep de deegbal op een stuk met speltbloem bestrooid bakpapier en rol met een deegroller uit tot een dunne plak van ongeveer een halve cm dik.
- Snijd de plak in 10 repen, leg het stuk bakpapier op een ovenplaat en schuif de oven in.
- Bak 17 minuten, haal de biscuits dan uit de oven, bestrijk de bovenkant licht met de overgebleven honing en zet 3 minuten terug de oven in.
- Haal de biscuits uit de oven, laat afkoelen en opsmikkelen maar.

To go-tip

Verpak de biscuits per 2 stuks in wat bakpapier, maak dicht met kooktouw en stop in je tas!

Peer-kaneel-havermuffins

Nina: 'Natuurlijk, appel en kaneel zijn een gouden combi. Maar wist je dat kaneel ook heerlijk matcht met peer? Probeer het zelf maar! En deze muffins zijn hartstikke verantwoord, dus pak er gerust 2 :-).'

BEREIDINGSTIJD: 35 MINUTEN

MEN NEME (VOOR 6 MUFFINS):

- 150 g havermout
- 1 el bakpoeder
- 1 el kaneel
- 1 ei
- 1 banaan
- 1 peer

EN ZO DOE JE HET:

- Verwarm de oven voor op 200 graden.
- Doe de havermout, het bakpoeder, de kaneel, het ei, 100 ml water en een snufje zout in een keukenmachine. Schil de banaan, breek 'm in stukken en doe ook in de machine.
- Meng kort tot je een grof beslag hebt.
- Schil de peer en snijd hem in kleine blokjes.
- Schep de perenstukjes door het beslag.
- Verdeel het beslag over de 6 holtes van een siliconen muffinvorm. Heb je een gewone muffinvorm? Dan kun je het beslag beter eerst in papieren vormpjes doen.
- Schuif de muffinvorm de oven in en bak de muffins in 25-30 minuten goudbruin en gaar.

Tip

Geen keukenmachine? Alle ingrediënten behalve de peer goed doorroeren met een vork en daarna nog even kort de staafmixer erin werkt ook! De perenstukjes erdoor en klaar is Kees.

Eet je de muffins warm? Dan zijn ze lekker met een schepje Griekse yoghurt met wat honing erdoor.

Fruitige snoeprepen

Elise: 'Lekker zoet snoep, zónder een lading suiker? Yes, het kan! Van deze abrikoos-mango-reepjes snoep je er gerust 2 of 3 weg terwijl je nog even moet doorwerken. En kijk hoe weinig je nodig hebt! Het enige is: het duurt even voor ze klaar zijn. Ik doe ze daarom 's ochtends zo vroeg mogelijk gelijk de oven in. En als ik dan Samuel 's middags wild zie worden en al 'nom nom'-mend zie smikkelen, is het die 2 uurtjes oventijd meer dan waard!

BEREIDINGSTIJD: 2,5 UUR

MEN NEME (VOOR 12 REEPJES):

- 1 mango
- 120 g gedroogde abrikozen

EN ZO DOE JE HET:

- Verwarm de oven voor op 110 graden.
- Schil de mango, verwijder de pit en pureer 'm samen met de abrikozen in een keukenmachine tot een gladde puree.
- Leg een stuk bakpapier op een ovenplaat en besmeer deze met de puree tot een laag van een halve cm dik. Zorg dat de massa gelijkmatig is verdeeld.
- Bak de repen zo'n 2 uur in de oven, zodat de 'snoep' kan uitharden. Check regelmatig even of het niet te hard gaat. Als de snoeplaag niet meer aan het bakpapier plakt, is-ie klaar. De bovenkant mag nog een beetje plakkerig zijn.
- Laat de snoeplaag helemaal afkoelen en snijd 'm vervolgens in reepjes.
- Wil je twisters maken van je reepjes, draai ze dan om de ronde stelen van een houten lepels heen.

Bewaartip

Deze gezonde tussendoortjes kun je enkele dagen in een luchtdichte trommel bewaren.

Mueslirepen

Nina: 'Zelfgemaakte tussendoortjes zijn de lekkerste. En deze mueslirepen, waar je echt heel veel kanten mee op kunt, behoren absoluut tot mijn favorieten. Ik maak er meteen genoeg voor de hele week, handig!'

BEREIDINGSTIJD: 30 MINUTEN + 1 UUR AFKOELEN

MEN NEME (VOOR 6 REPEN):
- 130 g havervlokken
- 1 klein handje gemengde, ongezouten noten
- 20 g pittenmix
- 6 ontpitte dadels
- 1 halve citroen
- 9 el honing

EN ZO DOE JE HET:
- Verwarm de oven voor op 200 graden.
- Doe de haver, noten, zaden en dadels in een keukenmachine. Rasp de schil van de halve citroen erover. Maal tot een grove substantie.
- Verwarm de honing in een pannetje tot deze heel vloeibaar is en voeg dan 2 eetlepels water en 2 eetlepels olie toe (liefst kokosolie met smaak).
- Roer door en voeg je havermengsel toe. Roer weer heel goed door, totdat je een kleverige massa krijgt.
- Bekleed een bakblik met bakpapier en verdeel je mueslimassa erover.
- Smeer goed uit, zodat het overal even dik is. Ga voor ongeveer 1 cm dikte.
- Schuif het bakblik in de oven en bak in 20 minuten mooi bruin, maar niet donkerbruin. Het mag nog een klein beetje zacht zijn, het wordt vanzelf hard tijdens het afkoelen.
- Haal uit de oven en maak inkepingen met je mes waar je de plak straks wilt breken.
- Laat de plak goed afkoelen en snijd dan in repen.

3x Tip

Dit basisrecept voor mueslirepen is al héél lekker, maar je kunt zoveel meer kanten op!

- Voeg eens 3 eetlepels kokosrasp toe om heerlijke kokosrepen te maken.
- Smelt wat pure chocolade in een kom boven een pannetje water dat net van de kook af is (au bain marie), en doop hier de uiteinden van de mueslirepen in.
- Vervang de helft van de dadels door gedroogde abrikozen en vervang de helft van de noten door rozijnen voor heerlijke fruitrepen.

3x Candybar

Nina & Elise: 'Je bent zojuist op een van onze favo bladzijdes uit dit boek beland. Tuurlijk, we love dit hele boek, maar serieus: skinny candybars, dat klinkt toch fantastisch? Hierbij 3 van je favoriete bekende chocolade candybars, in een skinny versie. Graag gedaan ;-).'

HEALTHY LEEUWEN

PEANUTBARS
PARADIJSELIJKE
KOKOS-CHOCOBARS

HEALTHY LEEUWEN

MEN NEME (VOOR 6 REPEN):

- 1 el honing
- 3 el pindakaas
- 1 klein handje hazelnoten
- 3 rijstwafels
- 30 g havermout
- 50 g pure chocola, minimaal 70% cacao

EN ZO DOE JE HET:

- Doe de honing en de pindakaas in een kommetje, zet 30 seconden in de magnetron of in een bak met heet water zodat het iets vloeibaarder wordt.
- Hak de hazelnoten met een vijzel of een mes in grove stukjes.
- Verkruimel de rijstwafels in een kom en doe hier de havermout, de hazelnoten en het pindakaasmengsel bij. Schep door elkaar.
- Smelt vervolgens de chocolade au bain marie of in de magnetron en schep vervolgens door het rijstwafel-pindakaas-mengsel.
- Bekleed een rechthoekig bakje met bakpapier en schep het mengsel hierin. Druk aan tot een dikke plak.
- Laat 30 minuten in de koelkast opstijven.
- Haal de plak uit de koeling en snijd in vierkante blokken of repen.

BEREIDINGSTIJD: 40 MINUTEN

PEANUTBARS

MEN NEME (VOOR 6 REPEN):

- 4 el pinda's
- 3 el amandelen
- 20 ontpitte dadels
- 75 g chocolade
- 1 el pindakaas
- 1 vanillestokje

EN ZO DOE JE HET:

- Wel de dadels in een kommetje met warm water
- Doe 3 eetlepels pinda's samen met de amandelen, 12 dadels en 1 eetlepel olie (kokosolie werkt het beste) in een keukenmachine en maal tot een plakkerig mengsel.
- Schep het mengsel in een met bakpapier bekleed bakje van ongeveer 20 cm. Druk aan tot een platte bodem en zet het bakje in de vriezer.
- Maal vervolgens de overige dadels met de pindakaas, het merg uit het vanillestokje en 50 ml water met een staaf-mixer of keukenmachine tot een gladde saus.
- Haal het bakje uit de vriezer, schep de saus over de bodem, bestrooi met de overgebleven pinda's en zet weer terug in de vriezer.
- Smelt dan de chocolade au bain marie of in de magne-tron. Haal het bakje weer uit de vriezer en verdeel tot slot de chocolade over de plak. Zet weer terug in de vriezer en laat 20 minuten opstijven.
- Snijd de plak in 6 stukken en serveer.

BEREIDINGSTIJD: 40 MINUTEN

PARADIJSELIJKE KOKOS-CHOCOBARS

MEN NEME (VOOR 6 REPEN):

- 100 g kokosrasp
- 2 el honing
- 100 g pure chocolade, minimaal 70% cacao

EN ZO DOE JE HET:

- Doe de kokosrasp, de honing en 2 eetlepels kokosolie in een keukenmachine en meng kort door elkaar tot een plakkerig mengsel.
- Schep het mengsel uit de kom en draai hier 6 balletjes van, duw vervolgens de balletjes in langwerpige repen. Leg deze 20 minuten in de vriezer.
- Smelt ondertussen de chocolade au bain marie of in de magnetron.
- Haal de kokosrepen uit de vriezer, doop ze 1 voor 1 in de chocolade en leg ze vervolgens op een met bakpapier bekleed bord.
- Zet het bord in de koelkast en laat de chocolade in zo'n 30 minuten hard worden.

BEREIDINGSTIJD: 1 UUR

Au bain marie chocolade smelten doe je door de chocoladestukjes in een vuurvaste kom te doen en deze kom boven een pan met net niet kokend water te plaatsen. Zo smelt de chocolade heel geleidelijk!

Tip

Wil je de koek gemakkelijk uit het cakeblik krijgen? Bedek dan het blik met bakpapier voordat je het beslag erin giet, dan wip je 'm er na het bakken zo uit!

Ontbijtkoek

Elise: 'Je kunt ontbijtkoek natuurlijk als ontbijt eten, maar eigenlijk vind ik het meer een tussendoortje. Toen ik deze koek voor het eerst maakte, at mijn vriend er gelijk 2 plakken van op. Vervolgens ging er een flink stuk mee naar z'n werk, nam Nina een stuk mee naar huis en at mijn zoontje Samuel 2 plakken achter elkaar op. Resultaat: een kontje over voor mij. Nog net genoeg om te proeven dat een ontbijtkoek van speltmeel, zonder geraffineerde suiker écht heel lekker kan zijn!'

BEREIDINGSTIJD: 1 UUR EN 10 MINUTEN

MEN NEME (VOOR 1 ONTBIJTKOEK):
- 10 ontpitte dadels
- 400 g volkoren speltmeel
- 9 el honing
- 350 ml melk naar keuze
- 4 tl koekkruiden
- 2 tl bakpoeder

EN ZO DOE JE HET:
- Verwarm de oven voor op 175 graden.
- Doe de dadels in een kommetje met kokend water en laat 5 minuten weken.
- Haal ze er dan uit, knijp het water uit de dadels en doe ze in een keukenmachine.
- Voeg het speltmeel, de honing, de melk, de koekkruiden en het bakpoeder toe en meng tot een glad mengsel.
- Schep het beslag in een ingevet cakeblik en schuif de oven in.
- Bak de ontbijtkoek in zo'n 55 minuten gaar. Hij is klaar als een satéprikker schoon uit het midden van de koek komt.
- Haal de ontbijtkoek uit de oven en snijd in plakken.

Cashew Chewies

Nina: 'Soms heb ik zin in een kleine (of zeer grote...) energy-boost, en bevind ik me in een zware craving voor zoet. Dan graai ik het liefst naar een chocoladereep met salted caramel, maar op mijn gezonde dagen wil ik liever toch iets zonder fabriekssuikers. En dan zijn deze heerlijke zoete cashew chewies echt een uitkomst. Mega energy boost gegarandeerd!'

BEREIDINGSTIJD: 1 UUR

MEN NEME (VOOR 10 CASHEW CHEWIES):

- 1 flinke hand ongezouten cashewnoten
- 12 ontpitte dadels
- 2 el honing
- 1 hand kokosrasp
- 1 hand gedroogde mango
- 1 hand zonnebloempitten

EN ZO DOE JE HET:

- Doe de cashews, dadels en honing in een keukenmachine. Mix!
- Heb je een plakkerige substantie, dan zit je goed. Valt het nog een beetje uit elkaar, dan voeg je nog 1 eetlepel honing toe en mix je nog een paar seconden door.
- Leg een vel bakpapier op een grote snijplank.
- Maak een bal van het cashew-dadel-honing-mengsel en spreid deze uit over het bakpapier tot een rechthoek van ongeveer een halve centimeter dik.
- Maak inkepingen van zo'n 2 millimeter in de vorm van rechthoekjes in de plak, zo ga je de chewies straks snijden.
- Zet de plak in de vriezer en laat 20 minuten opstijven.
- Ondertussen snijd je de gedroogde mango in kleine stukjes.
- Zet 3 bordjes klaar met de toppings erop: mango, kokosrasp en zonnebloempitten.
- Haal de cashewplak uit de diepvries en snijd de inkepingen verder door, zodat je rechthoekjes krijgt.
- Druk de bovenkantjes in de toppings. Je kunt per chewie een topping kiezen, maar mixen mag natuurlijk ook!
- Zet nog een half uurtje in de vriezer en je healthy tussendoortje is klaar.

Je kunt de cashew chewies natuurlijk ook in rondjes snijden. Of sterretjes, of hartjes, of...

DINER

Met 6 gezonde ingrediënten kun je écht meer maken dan een skinny salade met alleen sla en tomaat. In dit hoofdstuk vind je heerlijke, vullende en misschien zelfs wel verrassende diners. Wat dacht je van zoete aardappelgnocchi of kalkoenballetjes in tomatensaus? En wist je dat je pizza, frietjes of een lekkerbek ook prima skinny style kunt bereiden?

See it for yourself...

Zoete aardappelgnocchi

Nina: 'Dit gerecht is perfect om te serveren als je eters hebt. Homemade gnocchi (je zegt njokkie) ziet er namelijk best wel ingewikkeld uit, terwijl alleen jij weet dat het maar 6 ingrediënten bevat, haha. Het is iets meer werk dan wat je van ons gewend bent, maar man o man, it's so worth it!'

BEREIDINGSTIJD: 1 UUR EN 15 MINUTEN

MEN NEME (VOOR 2 PERSONEN):

- 2 zoete aardappels (zo'n 500 g)
- 1 aubergine
- 1 broccoli
- 1 ei
- 225 g havermout
- 2 tenen knoflook

EN ZO DOE JE HET:

- Schil de zoete aardappels en snijd ze in grove stukken.
- Zet een pan water met een snuf zout op het vuur en kook de aardappels in 20 minuten gaar.
- Terwijl je piepers op staan, snijd je de aubergine in blokjes en de broccoli in roosjes.
- Breek het ei boven een kommetje en roer los met een vork.
- Giet de aardappelstukken af en doe in een kom. Stamp fijn met een pureestamper. Laat vervolgens 15 minuten afkoelen.
- Ondertussen doe je de havermout in een keukenmachine en maal je hem fijn tot meel.
- Zodra de puree is afgekoeld, voeg je driekwart van het havermeel toe aan de puree samen met een flinke snuf zout en zwarte peper. Roer goed door.
- Schenk nu de helft van het losgeklopte ei bij de puree en roer weer goed door. De andere helft van het ei heb je niet nodig.
- Is het mengsel nog erg nat? Dan doe je nog een handje havermeel bij de puree. Zorg er wel voor dat je wat meel over hebt voor het maken van de gnocchi dadelijk.
- Kneed een bal van het aardappelmengsel en zet deze 20 minuten in de koelkast om op te stijven.
- Verdeel wat meel over je aanrecht en verdeel de bal in tweeën. Rol uit tot lange worsten en snijd ze in stukjes van ongeveer 1,5 cm. In totaal maak je rond de 35 gnocchi's.
- Rol iedere gnocchi nog even door het meel en maak er eventueel met een vork 3 streepjes in, dat heeft de originele Italiaanse gnocchi ook.
- Zet een pan water met een snuf zout op het vuur en kook de gnocchi in 2 of 3 etappes in 5 minuten gaar. Ze zijn klaar als ze boven komen drijven.
- Tegelijkertijd met het koken van de gnocchi, zet je een koekenpan met een scheutje olie op het vuur.
- Doe de broccoliroosjes en auberginestukjes in de koekenpan en bak aan op middelhoog vuur.
- Giet de gnocchi af en doe bij de broccoli en auberginestukjes.
- Pers de tenen knoflook uit boven de pan en bak het geheel 8 minuten.
- Verdeel alles over de borden en geniet!

Loempiataart

Elise: 'Ik ben niet echt fan van Chinees eten afhalen. Het enige waar ik dan wel heel blij van word, is zo'n enorme loempia. Knapperig en bomvol taugé, zo lekker! Daarnaar hunkerend, kreeg ik opeens het idee om een grote loempiataart te maken. Het experiment werd een succesnummer. En dat met maar 6 ingrediënten en natuurlijk ook nog healthy style!'

BEREIDINGSTIJD: 1 UUR

MEN NEME (VOOR 1 TAART):

- 300 g kipfilet
- 3 el sojasaus + een beetje om te serveren
- 400 g Oosterse wok-groenten (met veel taugé)
- 8 vellen filodeeg
- 1 hand cashewnoten
- 3 eieren

Vegatip

Liever een vega loempia-taart? Vervang de kip door waterkastanjes. Die koop je bij de Chinese supermarkt in een blikje en zijn heel knapperig. Erg lekker als vleesvervanger!

EN ZO DOE JE HET:

- Verwarm de oven voor op 175 graden.
- Snijd de kipfilet in heel kleine stukjes.
- Verwarm 1 eetlepel olie in een wokpan en voeg de kip toe, gevolgd door peper, zout en 1 eetlepel sojasaus.
- Bak de kip kort om en om en voeg dan de groenten toe, gevolgd door nog 1 eetlepel sojasaus. Bak zo'n 4 minuten, de kip hoeft niet gaar te zijn, want hij gaart straks na in de oven.
- Neem een springvorm met een doorsnede van 24 cm en leg 1 vel filodeeg op de bodem. Leg er vervolgens 6 vellen omheen met de helft van het vel uit de springvorm hangend. Houd 1 vel achter.
- Schep het groenten-kipmengsel in de springvorm.
- Hak de cashewnoten in grove stukjes en strooi deze over de vulling.
- Klop de eitjes met 1 eetlepel sojasaus en wat peper los, giet over de vulling. Verdeel met een lepel het ei een beetje door de vulling.
- Leg dan het overgebleven filodeegvel midden op de vulling. Sla tot slot de overhangende vellen naar binnen, zodat de taart aan de bovenkant dicht-gemaakt is met filodeeg.
- Bestrijk de bovenkant licht met olie.
- Zet de taart laag in de oven en bak 'm in 45 minuten goudbruin. Houd 'm goed in de gaten want filodeeg kan snel verbranden. Als het te hard gaat, kun je desnoods de bovenkant afdekken met aluminiumfolie.
- Haal de taart dan uit de oven, snijd in punten en serveer met nog een klein beetje sojasaus.

Courgiatelle

Nina: 'Bart was héél sceptisch toen ik zei dat we "pasta" van courgette gingen eten. "Wat? En de koolhydraten dan?" Nou jongens, geloof me, die mis je niet. Deze tagliatelle bomvol groenten heeft alles wat je nodig hebt. En Bart? Die at nog net niet z'n vingers erbij op.'

BEREIDINGSTIJD: 25 MINUTEN

MEN NEME (VOOR 2 PERSONEN):

- 2 courgettes
- 10 kastanjechampignons
- 1 rode ui
- 200 ml tomatensaus met kruiden
- 1 hand zwarte olijven
- 6 el Hüttenkäse of cottage cheese

EN ZO DOE JE HET:

- Schil de courgettes en snijd ze met een dunschiller of kaasschaaf in zeer dunne plakken.
- Snijd ieder plakje in 3 reepjes, zodat je dunne slierten 'tagliatelle' hebt.
- Breng wat water aan de kook met een snuf zout en kook de slierten hier 5 minuten in.
- Ondertussen snijd je de champignons in plakjes en versnipper je de ui.
- Doe een scheut olie in een koekenpan en bak de ui 1 minuut aan.
- Voeg dan de champignons toe en bak de plakjes in een minuut of 5 goudbruin.
- Doe de tomatensaus, olijven en een flinke snuf zout en peper hierbij. Laat 5 minuten pruttelen. Zet dan het vuur uit.
- Meng de Hüttenkäse met een flinke snuf peper en zout.
- Giet de courgiatelle af en meng in de pan bij de tomatensaus.
- Verdeel het courgiatelle-tomaatmengsel over een ovenschaal en maak af met de Hüttenkäse.
- Zet de schaal 5 minuten onder de hete grill en klaar is je heerlijke courgiatelle-ovenschotel!

Tip

In tomatensaus zit vaak verstopte suiker. Heb je daar geen zin in? Lees dan goed het etiket. Biologische sauzen bevatten vaak niets meer dan tomaat en kruiden! Of maak 'm zelf, zie pagina 84.

Hüttenkäse of cottage cheese lijkt een beetje op kwark. Deze superjonge kaas bevat weinig vet en koolhydraten, ideaal voor als je lekker skinny bezig bent!

Haver-lekkerbek

Elise: 'Vroeger aten wij thuis altijd op donderdag gebakken vis. Met aardappels, spinazie en een ei. En dan mochten mijn zus en ik dat voor de tv opeten onder het genot van *DuckTales*. Met toe een geprakte banaan met Liga. De beste avond van de week. Dit gerecht is een healthy variant op die good old memory-maaltijd!'

BEREIDINGSTIJD: 20 MINUTEN

MEN NEME (VOOR 2 PERSONEN):
- 200 g havervlokken
- 2 el Provençaalse kruiden
- 3 eieren
- 2 flinke kabeljauwfilets
- 75 g veldsla
- 1 citroen

EN ZO DOE JE HET:
- Doe de helft van de havervlokken in een keukenmachine en maal tot meel.
- Strooi de overgebleven havervlokken op een bord en meng de Provençaalse kruiden en een flinke snuf peper en zout erdoor.
- Klop 1 ei los in een kommetje.
- Dep de kabeljauwfilets droog met keukenpapier en haal ze eerst licht door het meel, vervolgens door het ei en dan door het havervlokkenmengsel. Bedek beide kanten van de vis goed met de vlokken. Herhaal met de andere filet.
- Verwarm 2 eetlepels olie in een koekenpan en bak de kabeljauwfilets op middelhoog vuur om en om, zet daarna het vuur lager en bak de vissen in 10-12 minuten gaar. Keer regelmatig.
- Breng een pan water aan de kook, doe de overige 2 eieren hierin en kook ze ongeveer 5 minuten tot ze zachtgekookt zijn. Giet het water af en schrik de eieren met koud water.
- Verdeel de veldsla over 2 borden en breng op smaak met wat sap van de citroen, een scheutje olie (het liefst extra vierge olijfolie) en een flinke snuf peper en zout.
- Leg hier vervolgens de haver-lekkerbekken op.
- Pel de eieren, snijd ze half doormidden en leg ze op de lekkerbekken.
- Maak af met nog wat citroensap.

Gevulde paprika met quinoa

Nina: 'Yes, ik ben een kaasjunk. Maar deze gevulde paprika is nou typisch zo'n gerecht dat ik een paar keer per maand kan eten, waarbij ik de kaas totáál niet mis. Try it for yourself!'

BEREIDINGSTIJD: 1 UUR

MEN NEME (VOOR 2 PERSONEN):

- 2 oranje paprika's
- 75 g quinoa
- 10 cherrytomaatjes
- 1 tl kaneel
- 3 handen verse spinazie
- 1 hand ongezouten cashewnoten

EN ZO DOE JE HET:

- Verwarm de oven voor op 200 graden.
- Snijd de kapjes van de paprika's en verwijder de zaadlijsten.
- Bestrijk de paprika's en de kapjes licht met olie en leg in een ovenschaal. De kapjes kun je naast de paprika's leggen.
- Dek de schaal af met aluminiumfolie en schuif de oven in. Bak 20 minuten.
- Kook ondertussen de quinoa volgens de verpakking.
- Terwijl de quinoa opstaat en de paprika's alvast in de oven garen, verwarm je een scheut olie in een koekenpan.
- Snijd de tomaatjes in vieren en doe ze samen met het kaneelpoeder en een flinke snuf peper en zout in de koekenpan. Bak 3 minuten.
- Voeg nu de spinazie toe en bak zo'n 5 minuten, tot de spinazie is geslonken.
- Zodra de quinoa gaar is giet je 'm af.
- Voeg het spinazie-tomaatmengsel en de cashewnoten aan de gekookte quinoa toe. Warm 1 minuut door.
- Haal de paprika's uit de oven, haal even het folie eraf en vul ze met het quinoamengsel. Doe het folie er weer op en schuif terug de oven in. Bak 20 minuten. Haal dan het folie eraf en bak nog 10 minuten. Klaar!

Tip

Was de quinoa voordat je 'm kookt, bijvoorbeeld in een zeef. Hierdoor wordt de smaak iets milder.

Lekker met
een simpele,
groene salade!

3x Frietje anders

Elise: 'Ik ben dol op alle soorten friet. Franse, Vlaamse, twisters, you name it. Daarbij een flinke klodder mayo en ik ben een gelukkig mens. Maar dat is natuurlijk helemaal niet skinny. Deze 3 varianten op friet zijn dat wel. Fijn hè?'

SPERZIEBONENFRIET

WORTELFRIET
TOFUFRIET

SPERZIEBONENFRIET

(VOOR 2 PORTIES):
Verwarm de oven voor op 175 graden. Was 300 g sperziebonen en verwijder de uiteinden. Doe de sperziebonen in een kom, strooi er 2 el boekweitmeel over en hussel door elkaar. Besprenkel de boontjes met 2 el olie, gevolgd door 3 el amandelmeel, 2 el Italiaanse kruiden, peper en zout. Hussel weer goed door elkaar, zodat elke boon een beetje bedekt is. Leg de sperziebonen op een met bakpapier beklede ovenplaat, schuif ze de oven in en bak 20 minuten, tot ze goudbruin zijn.
BEREIDINGSTIJD: 25 MINUTEN

WORTELFRIET

(VOOR 2 PORTIES):
Verwarm de oven op 175 graden. Snijd zo'n 10 wortels in dunne frieten. Besprenkel ze met 2 el olie. Maal 2 el zonnebloempitten met de naalden van 1 takje rozemarijn en peper en zout fijn in een keukenmachine en bestrooi de wortelfriet met dit mengsel. Schep ze op een met bakpapier beklede ovenplaat en bak 30 minuten.
BEREIDINGSTIJD: 35 MINUTEN

TOFUFRIET

(VOOR 2 PORTIES):
Verwarm de oven voor op 200 graden. Knijp zachtjes het vocht uit een tofublok van 400 g. Snijd het blok in dunne frietjes. Dep ze droog met keukenrol en leg ze op een rij op een met bakpapier beklede ovenplaat. Besmeer de frietjes lichtjes met olie en besprenkel ze met 3 el sesamzaad, een flinke snuf zwarte peper en zout. Draai ze om en doe aan de andere kant precies hetzelfde. Schuif ze de oven in en bak 25 minuten. De tofufrietjes zijn klaar als ze donkergeel en crunchy zijn.
BEREIDINGSTIJD: 35 MINUTEN

Go online!

Lekker om te serveren met een zelfgemaakte dip, zoals tzatziki, tapenade of hummus. De recepten hiervan vind je op ons blog!

Deze salade is ook heerlijk met kleine stukjes rauwe zalm, bijvoorbeeld als lunch.

Aziatische salade met zalm

Nina: 'Eigenlijk is vooral Elise van de Aziatische keuken, maar door deze salade ben ook ik echt om. Zo licht, lekker en smaakvol. Stokjes in de aanslag en aanvallen maar!'

BEREIDINGSTIJD: 25 MINUTEN

MEN NEME (VOOR 2 PERSONEN):

- 2 zalmfilets
- 1 halve Chinese kool
- 250 g taugé
- 200 g voorgekookte edamameboontjes zonder peul
- 6 el ongeroosterd sesamzaad
- 6 el sojasaus

EN ZO DOE JE HET:

- Bestrijk de zalmfilets aan beide kanten met wat olie en bestrooi met peper en zout.
- Zet een grillpan op hoog vuur en leg de zalmfilets erin. Gril aan beide kanten zo'n 3 minuten.
- Snijd ondertussen de Chinese kool fijn.
- Overgiet de taugé met kokend water en spoel vervolgens meteen af met koud water.
- Doe de kool, taugé en edamame in een kom en meng door elkaar.
- Zet een droge koekenpan op het vuur en rooster de sesamzaadjes goudbruin.
- Roer de sesamzaadjes door de salade en maak af met de sojasaus en 1 eetlepel olie (liefst zonnebloemolie).
- Meng goed door, verdeel de salade over 2 borden en leg de gegrilde zalm erop.

Tip

Edamameboontjes zijn sojaboontjes, misschien ken je ze wel van het sushirestaurant. Je koopt ze in de peul bij de Aziatische supermarkt, maar de grote gewone supermarkt heeft ze ook al uit de peul!

Kalkoenballetjes in tomatensaus

Elise: 'Dit recept vind ik echt een voorbeeld van less is more. Zo maak je met een paar smaakvolle ingrediënten al een heerlijke zelfgemaakte tomatensaus. En dat vormt samen met handgedraaide kalkoenballetjes en verse rucola een topgerecht op je bord.'

BEREIDINGSTIJD: 45 MINUTEN

MEN NEME (VOOR 2 PERSONEN):

- 150 g speltpasta
- 300 g kalkoenfilet
- 3 tenen knoflook
- 1 flinke hand verse basilicum
- 800 g tomaten uit blik
- 75 g rucola

EN ZO DOE JE HET:

- Kook de pasta volgens de verpakking.
- Doe de kalkoenfilet in een keukenmachine, voeg hier 1 teen knoflook, een klein plukje basilicum, 2 eetlepels olie en een flinke snuf peper en zout aan toe en maal door elkaar tot gehakt.
- Rol hier balletjes van met een breedte van ongeveer 2 cm.
- Verwarm 1 flinke eetlepel olie in een koekenpan en bak de balletjes om en om in ongeveer 15 minuten gaar.
- Maal ondertussen in de keukenmachine de tomaten samen met 2 knoflooktenen, 1 eetlepel olie, peper, zout en de overgebleven basilicum kort tot een grove saus.
- Schep de saus 2 minuten voor de balletjes goed zijn in de koekenpan en verwarm het geheel.
- Meng de rucola met 1 eetlepel olie (liefst extra vierge olijfolie), peper en zout en verdeel over 2 diepe borden.
- Schep de pasta ernaast en verdeel de saus en de balletjes hierover.

Maak dit gerecht nog skinnier door de speltpasta te vervangen door de courgiatelle van pagina 72.

Tempeh is een vleesvervanger die is gemaakt van sojabonen. Het is een stuk steviger dan tofu. Als ze het bij jouw supermarkt niet hebben, koop je het bij de Chinese winkel of de biologische supermarkt.

Rijst met tempeh en macadamia's

Nina: 'Toen ik onlangs met Bart in een Chinees restaurant in Amsterdam at, bestelde hij een pittig rijstgerecht met varkenshaas en macadamianoten. Dat bleek verrassend lekker te zijn! Tijd om het thuis eens te proberen, maar dan met tempeh. En dat bleek nóg lekkerder te zijn ;-).'

BEREIDINGSTIJD: 25 MINUTEN

MEN NEME (VOOR 2 PERSONEN):

- 150 g zilvervliesrijst
- 1 broccoli
- 150 g tempeh
- 1 hand macadamianoten
- 2 el sambal
- 3 el sesamolie

EN ZO DOE JE HET:

- Kook de rijst volgens de verpakking.
- Snijd de broccoli in roosjes en kook 5 minuten in een pan water.
- Terwijl de broccoli kookt, snijd je de tempeh in blokjes van ongeveer 1 bij 1,5 cm.
- Verwarm een scheutje olie (liefst zonnebloemolie) in een koekenpan en voeg de tempeh toe. Bak 4 minuten op hoog vuur en voeg dan de gekookte broccoli toe. Bak nog 1 minuut mee en doe dan de macadamianoten erbij. Bak 2 minuten door en zet het vuur uit.
- Meng de sambal met de sesamolie. Roer de sesam-sambal door de rijst. Verdeel de rijst over 2 borden en maak af met de tempeh, broccoli en macadamia's.

Tip

Sambal uit de gewone supermarkt bevat vaak veel toevoegingen. Wil je dat liever niet, dan kun je het beste voor een sambal uit de biologische supermarkt gaan.

Visrolletjes met paprikasaus

Nina: 'Een recept dat er zo restaurantwaardig uitziet, toch maar 5 ingrediënten bevat én supergezond is. Ik ben dol op dit visgerecht. Zet 'm gerust op het menu als er vrienden komen eten!'

BEREIDINGSTIJD: 45 MINUTEN

MEN NEME (VOOR 2 PERSONEN):

- 1 pot geroosterde rode paprika's
- 2 scholfilets
- 100 g groene aspergetips
- 200 g krieltjes in de schil
- 4 el melk naar keuze

Tip

Grote kans dat je wat van de paprikasaus over hebt. Deze smaakt de volgende dag ook nog heerlijk door wat speltpasta of quinoa.

EN ZO DOE JE HET:

- Verwarm de oven voor op 180 graden.
- Snijd 1 halve paprika in 4 reepjes.
- Bestrooi de visjes aan beide kanten met peper en zout en leg ze voor je neer.
- Leg dwars op het puntje van iedere filet 2 reepjes gegrilde paprika en 2 groene aspergetips.
- Rol de visjes nu op en zet ze vast met een paar cocktailprikkers.
- Verwarm 2 eetlepels olie in een koekenpan en bak de visrolletjes zachtjes zo'n 4-5 minuten aan. Niet te lang! De vis mag nog niet gaar worden, dan valt-ie uit elkaar.
- Zet de visrolletjes in een licht ingevette schaal. Schuif in de oven en bak 15 minuten.
- Terwijl je vis in de oven staat, kook je de krieltjes 15 minuten in gezouten water.
- Voeg in de laatste 3 minuten de asperges toe.
- Ook maak je de paprikasaus terwijl de vis in de oven staat. Snijd de overgebleven paprika's uit de pot in stukjes en doe samen met een scheutje van het vocht uit de pot, wat versgemalen zwarte peper, een snufje zout en de melk in een kom.
- Pureer met de staafmixer tot een gladde saus.
- Doe de saus in een steelpannetje en warm op laag vuur zachtjes door.
- Als het goed is zijn de vis, de aardappeltjes, de asperges en de saus ongeveer tegelijk klaar. Verdeel de aardappeltjes en asperges over 2 borden en leg op elk bord een visrolletje.
- Maak af met de geroosterde paprikasaus.

Sobanoedels met ossenhaas

Elise: 'Ik ben gek op noedels. Alle soorten en maten, heerlijk. Én ik ben dol op ossenhaas, dit is zulk ongelooflijk mals vlees. Voeg die 2 samen in een gerecht waarbij je slechts 1 wokpan vies maakt en je hebt wat mij betreft een droomreceptje. Komt-ie!'

BEREIDINGSTIJD: 15 MINUTEN

MEN NEME (VOOR 2 PERSONEN):

- 150 g sobanoedels
- 200 g ossenhaas
- 1 paksoi
- 2 tenen knoflook
- 1 limoen
- 1 flinke hand verse koriander

EN ZO DOE JE HET:

- Kook de noedels volgens de verpakking.
- Snijd de ossenhaas in blokjes van 2 cm.
- Was de paksoi, snijd 'm in reepjes en snijd de koriander in stukjes.
- Verwarm 2 el olie in een wokpan en voeg de ossenhaasstukjes toe, gevolgd door peper en zout.
- Bak op hoog vuur 2 minuten en schep dan meteen uit de wokpan.
- Pers de knoflook en doe deze samen met de paksoi zo'n 3 minuten in de wok.
- Voeg dan de noedels toe, gevolgd door de ossenhaas. Roer alles door elkaar, wok nog een minuutje en verdeel het mengsel dan over 2 diepe borden.
- Pers vervolgens over allebei de borden een halve limoen uit en besprenkel licht met wat olie.
- Maak af met de verse koriander.

Sobanoedels zijn gemaakt van onder andere boekweitmeel. Meestal in combinatie met tarwemeel, maar er zijn er ook die voor 100% uit boekweitmeel bestaan. Hiervoor moet je goed zoeken, in de biologische supermarkt maak je de meeste kans om deze te vinden!

Oosterse boerenkoolsalade

Nina: 'Denk jij bij het woord "boerenkool" nog steeds aan de old school stamppot? Think again! Ik ben dol op boerenkoolstamp, maar je kunt zoveel meer met die gezonde, groene blaadjes. De combinatie van boerenkool met kokos is echt verrassend lekker, probeer maar. Enne, mooi meegenomen: deze skinny groente zit bomvol ijzer!'

BEREIDINGSTIJD: 20 MINUTEN

MEN NEME (VOOR 2 PERSONEN):

- 100 g quinoa
- 150 g gesneden boerenkool
- 1 hand kokosvlokken
- 1 hand ongezouten cashewnoten
- 70 ml kokosmelk
- 1 limoen

EN ZO DOE JE HET:

- Was de quinoa (dan is de smaak wat minder bitter) met behulp van een zeef en kook 'm volgens de verpakking beetgaar.
- Zet een tweede pan met kokend water en een snuf zout op het vuur en kook de boerenkool 3 minuten, giet dan af. Zet even weg.
- Rooster de cashewnoten en kokosvlokken in een droge koekenpan in ongeveer 5 minuten goudbruin.
- Maak de dressing: meng de kokosmelk met een flinke scheut olie (liefst extra vierge olijfolie) en wat peper en zout.
- Giet de quinoa af en roer de boerenkool erdoor.
- Meng vervolgens de dressing door de salade en strooi de kokosvlokken en cashewnoten erover.
- Knijp ten slotte een halve limoen over de salade en serveer de andere helft erbij voor iedereen die nog een extra limoenshotje wil.

Go online!

Op onze site hebben we nog veel meer originele recepten met boerenkool. Wat dacht je van een aardappel-boerenkoolcurry, een boerenkooltortilla of een gepofte zoete aardappel met romige boerenkool? Mmm...

Kokosvlokken koop je bij de meeste biologische winkels. Kun je geen kokosvlokken vinden? Ga dan voor geraspte kokos.

3x Romige wraps

Elise: 'Hoe fijn is het om wraps te eten die superromig smaken, maar niet slecht zijn? Juist. Ga vooral los met deze 3 wrap-recepten. Want romig zijn ze, lekker zeker en skinny? Oh yes!'

ROMIGE WRAPS MET KIP EN AVOCADO

GEGRILDE
GROENTEWRAPS
MET TAHIN
VISWRAPS MET BLOEMKOOL

ROMIGE WRAPS MET KIP EN AVOCADO

MEN NEME (VOOR 2 PERSONEN):

- 200 g kipfilet
- 10 el magere kwark
- 1 hand bieslook
- 2 avocado's
- 2 handen verse spinazie
- 4 zelfgemaakte wraps van de pagina hiernaast

EN ZO DOE JE HET:

- Verwarm een grillpan op hoog vuur.
- Snijd de kipfilet in dunne reepjes, bestrijk ze licht met olie, bestrooi met wat peper en zout en gril de kip in de grillpan op middelhoog vuur in zo'n 8 minuten gaar.
- Doe de kwark in een kom, knip hierboven de bieslook fijn en meng door elkaar. Breng op smaak met peper en zout en zet even weg.
- Prak een halve avocado fijn op een wrap, verdeel hierover de spinazie gevolgd door de kipreepjes en maak af met een paar flinke eetlepels van het bieslook-kwarkmengsel.

BEREIDINGSTIJD: 15 MINUTEN

Vegatip: ook lekker met de geroosterde kikkererwten van pagina 117 in plaats van de kip!

GEGRILDE GROENTEWRAPS MET ROMIGE TAHIN-DRESSING

MEN NEME (VOOR 2 PERSONEN):

- 1 aubergine
- 1 courgette
- 3 el tahin (sesampasta)
- 1 teen knoflook
- 1 halve citroen
- 4 zelfgemaakte wraps van de pagina hiernaast

EN ZO DOE JE HET:

- Verwarm een grillpan op hoog vuur.
- Snijd de aubergine en de courgette in repen, bestrijk ze met olie en bestrooi met een flinke snuf peper en zout.
- Gril de groenten om en om in een paar minuten zacht en met mooie grilstreepjes.
- Pers de knoflook uit en meng de tahin samen met het sap van de halve citroen, 2 eetlepels olie en een flinke snuf peper en zout met een staafmixer of keukenmachine tot een romige dressing.
- Beleg de wraps allereerst met de groenten en maak af met de dressing.

BEREIDINGSTIJD: 15 MINUTEN

VISWRAPS MET BLOEMKOOL

MEN NEME (VOOR 2 PERSONEN):

- 1 halve bloemkool
- 1 teentje knoflook
- 2 tl komijnpoeder
- 200 g kabeljauw
- 4 el Griekse yoghurt
- 4 zelfgemaakte wraps van de pagina hiernaast

EN ZO DOE JE HET:

- Snijd de bloemkool fijn, pers de knoflook uit.
- Verwarm 1 el olie in een koekenpan en bak de bloemkool samen met de knoflook, het komijnpoeder en een snuf peper en zout zo'n 5 minuten op middelhoog vuur.
- Bestrooi de vis ondertussen met peper en zout.
- Voeg 50 ml (een scheutje) water toe en leg de visjes in de pan bij de bloemkool. Bak een paar minuten door en maak ondertussen met de spatel de vis stuk. Bak weer een paar minuten door.
- Roer op het laatst de Griekse yoghurt erdoor.
- Verdeel het kabeljauw-bloemkoolmengsel over de wraps en rol op.

BEREIDINGSTIJD: 15 MINUTEN

HOW TO

Zelf boekweitwraps maken

Elise: 'I love wraps, alleen niet de waslijst aan rare ingrediënten die wraps uit de supermarkt vaak bevatten. Bij de biologische supermarkt zijn wel (spelt)wraps te koop zonder deze waslijst, maar ik heb nog nooit boekweitwraps gevonden. Gelukkig kun je die gemakkelijk zelf maken. Kijk maar!'

BEREIDINGSTIJD: 30 MINUTEN

MEN NEME (VOOR ONGEVEER 4 WRAPS):

- 2 tenen knoflook
- 1 flinke hand verse tijm
- 200 g boekweitmeel
- 400 ml water

EN ZO DOE JE HET:

Stap 1 Pers de knoflook en snijd de tijm fijn, doe vervolgens alle ingrediënten bij elkaar in een kom en meng goed door elkaar tot een egaal beslag.

Stap 2 Verwarm op middelhoog vuur 1 eetlepel olie in een koekenpan met goede antiaanbaklaag. Giet dan een kleine soeplepel van het beslag in de pan, draai met 1 hand de pan zodat het beslag uitloopt en veeg met een spatel het beslag helemaal rondom de pan zodat je een mooie dunne wrap krijgt.

Stap 3 Bak de wrap op laag vuur 3 minuten aan de ene kant, draai de wrap met een spatel om en bak de andere kant ook nog zo'n 3 minuten, tot de wrap knapperig en goudbruin is geworden. Haal de wrap uit de pan. Herhaal bovenstaande stappen nog 3 keer. Probeer je wraps gelijk op te eten, want warm en knapperig zijn ze echt het best!

Lekker met wat
limoensap erover.

Pad Thai met garnalen

Nina: 'Ben je wel eens in Thailand op vakantie geweest? Dan ken je vast Pad Thai, een gerecht met rijstnoedels, ei en garnalen. Superlekker én heel skinny! Ook deze variant met maar 6 ingrediënten smaakt buitengewoon goed :-).'

BEREIDINGSTIJD: 25 MINUTEN

MEN NEME (VOOR 2 PERSONEN):
- 150 g mihoen
- 150 g sperziebonen
- 2 eieren
- 200 g voorgekookte gepelde garnalen
- 1 hand ongezouten pinda's
- 6 el sojasaus

EN ZO DOE JE HET:
- Bereid de mihoen volgens de verpakking. Spoel af met koud water, laat goed uitlekken en zet even weg.
- Snijd de uiteinden van de boontjes en hak de bonen in stukjes.
- Kook de boontjes 5 minuten in een pan gezouten water. Spoel vervolgens af met koud water. Zet ook even weg.
- Terwijl de bonen opstaan klop je in een kommetje 2 eieren los met een snufje zwarte peper.
- Verwarm 1 eetlepel olie (liefst kokosolie met kokossmaak) in een koekenpan en giet de eieren erbij. Bak 5 minuten op laag vuur terwijl je blijft roeren met een spatel. Zo krijg je kleine stukjes gebakken ei, roerei dus!
- Haal het ei uit de pan en doe in het bakje bij de boontjes. Verwarm opnieuw 1 eetlepel olie in de koekenpan.
- Voeg de garnalen toe en bak 2 minuten. Voeg dan de mihoen, de boontjes en het ei toe en bak nog 3 minuten door.
- Ondertussen hak je de pinda's fijn en rooster je ze in 2 minuten goudbruin in een droge koekenpan.
- Voeg de sojasaus bij het mihoenmengsel en roer even goed door.
- Verdeel de Pad Thai over 2 borden en maak af met de gehakte, geroosterde pinda's. Serveer met wat extra sojasaus erbij.

Boekweitrisotto

Elise: 'Oké, dit is natuurlijk geen échte risotto, maar qua smaak lijkt het er wel heel erg op, hoor. Deze variant is alleen veel gezonder. Want risotto hoeft echt niet pas smaakvol te zijn met een lading kaas. Dit recept is het bewijs.'

BEREIDINGSTIJD: 45 MINUTEN

MEN NEME (VOOR 2 PERSONEN):

- 150 g boekweitkorrels
- 1 kippenbouillonblokje (groentebouillon kan ook)
- 1 ui
- 1 teen knoflook
- 2 handen (diepvries) doperwtjes
- 1 scheutje witte wijn

EN ZO DOE JE HET:

- Kook de boekweit volgens de verpakking, waarbij je het bouillonblokje aan het kookwater toevoegt.
- Pers ondertussen de knoflook en snipper de ui.
- Doe 2 eetlepels olie in een koekenpan en bak op middelhoog vuur de ui met de knoflook glazig.
- Voeg vervolgens de doperwtjes en de witte wijn toe en zet het vuur iets lager.
- Breng op smaak met peper en een klein beetje zout en laat het 2 minuten pruttelen.
- Zodra de boekweit gekookt is, giet je hem af. Houd een scheutje van het kookvocht achter.
- Doe de boekweit bij het erwtenmengsel, gevolgd door het kookvocht.
- Laat het geheel nog een paar minuten pruttelen en schep het vervolgens in 2 diepe borden.

Ook lekker met verschillende paddenstoelen in plaats van doperwtjes.

Pimp dit gerecht
tot jouw favo pizza!
Denk aan makreel,
olijven, champignons
en kappertjes.

Haverpizza

Nina: 'Mijn absolute all time favorite gerecht? Pizza. Als ik vroeger jarig was koos ik áltijd pizza als verjaardagsdiner. Hoe geweldig is het dan om te ontdekken dat je van je favoriete maal ook een gezonde variant kunt maken? Heel erg geweldig, kan ik je vertellen :-).'

BEREIDINGSTIJD: 50 MINUTEN

MEN NEME (VOOR 2 PERSONEN):

- 250 g havermout
- 12 zongedroogde tomaatjes (uit een pot met olie)
- 2 eieren
- 10 el tomatensaus
- 1 courgette
- 6 el Hüttenkäse of cottage cheese

EN ZO DOE JE HET:

- Verwarm de oven voor op 200 graden.
- Doe de havermout samen met 8 zongedroogde tomaten, de eieren, 1 eetlepel olie uit het tomatenpotje en 190 ml water in een keukenmachine. Mix tot een glad mengsel.
- Bekleed een ovenplaat met bakpapier en smeer het mengsel uit tot een dikte van maximaal een halve centimeter. Je kunt 1 grote plaatpizza maken, of 2 kleinere ronde.
- Schuif de plaat in de oven en bak 10 minuten, zodat de bodem al een beetje stevig wordt.
- Terwijl de bodem bakt, snijd je de courgette in heel dunne plakjes, de overgebleven tomaatjes in reepjes en meng je de Hüttenkäse met peper en zout.
- Haal de pizzabodem uit de oven en besprenkel met nog wat olie uit het potje.
- Besmeer de bodem nu met de tomatensaus en beleg dakpansgewijs met de courgette.
- Maak af met de tomaatjes en Huttenkase en schuif de oven in.
- Bak goudbruin in ongeveer 30 minuten.

Soto

Elise: 'Hoe durf ik dit soto te noemen? Want met 6 ingrediënten is het natuurlijk lang niet zoals de echte Indonesische soto ajam. Maar zo met de rijst en het gekookte eitje lijkt deze maaltijdsoep er wel op. Vind ik dan. Het smaakt in ieder geval erg lekker en is een ideale maaltijd na een lange werkdag of sportavond!'

BEREIDINGSTIJD: 40 MINUTEN

MEN NEME (VOOR 2 PERSONEN):
- 2 kippenbouillonblokjes
- 1 grote kipfilet
- 150 g zilvervliesrijst
- 2 eieren
- 1 bakje taugé
- 1 flinke hand verse peterselie

EN ZO DOE JE HET:
- Doe 1 liter water in een pan, voeg de bouillonblokjes en de hele kipfilet toe en laat 30 minuten pruttelen.
- Kook de rijst volgens de verpakking.
- Kook de eieren in 8-9 minuten hard. Pel en snijd in plakjes.
- Haal de kipfilet uit het water, snijd in reepjes en doe weer terug in het water.
- Voeg nu de taugé toe en laat enkele minuten meepruttelen.
- Verdeel de rijst over 2 kommen, schenk hier de soep over en maak af met plakjes ei en verse peterselie.

Tip

Vervang de rijst door mihoen of blokjes aardappel. En ook heel erg lekker erbij maar niet zo skinny: gebakken uitjes!

Er bestaan witte, paarse en oranje zoete aardappels. De oranje is de meest zoete en die gebruiken wij meestal.

Gepofte zoete aardappel met makreel

Nina: 'Zowel Elise als ik zijn zoete aardappelfanaten. Gebakken, gekookt, in de puree... of gepoft! Ze zijn niet alleen lekker, maar ook hartstikke gezond. Je zit er flink lang vol van, dus je krijgt niet snel weer honger. Deze variant met makreel moet je echt eens proberen.'

BEREIDINGSTIJD: 1 UUR EN 5 MINUTEN

MEN NEME (VOOR 2 PERSONEN):
- 2 grote zoete aardappels (zo'n 500 g)
- 200 ml Griekse yoghurt
- 250 g makreelfilets op water uit een blikje (uitlek-gewicht: ongeveer 170 g)
- 1 bosuitje
- 8 zongedroogde tomaatjes
- 1 hand pijnboompitten

EN ZO DOE JE HET:
- Verwarm de oven voor op 175 graden.
- Was de aardappels grondig (schillen hoeft niet) en droog ze af.
- Wikkel de aardappels in aluminiumfolie en prik er gaatjes in.
- Leg ze in de oven voor 60 minuten.
- Terwijl je de aardappels poft, maak je de vulling. Doe de Griekse yoghurt in een kom samen met een flinke snuf zwarte peper en zout en 1 eetlepel olie (liefst extra vierge olijfolie). Heb je zongedroogde tomaatjes uit een pot met olie? Dan kun je ook een klein scheutje van de olie uit het potje bij de yoghurt doen.
- Trek de makreel uit elkaar met een vork en roer de makreelstukjes door de Griekse yoghurt.
- Snijd de zongedroogde tomaatjes in reepjes en de bosui in dunne ringetjes. Meng ook door de yoghurt.
- Rooster de pijnboompitten in een droge koekenpan in enkele minuten goudbruin.
- Zodra je zoete aardappels gaar zijn, maak je het aluminiumfolie voorzichtig open en snijd je ze bijna doormidden.
- Vul met het yoghurt-makreelmengsel.
- Maak af met de geroosterde pijnboompitten.

Knolselderij-andijviestamppot

Nina: 'Mmm, zo nu en dan kan ik echt genieten van Hollandse pot. Van stamppot bijvoorbeeld. Deze variant is wat lichter dan andijviestamp met aardappels, maar zeker net zo lekker. En yes, helemaal vega!'

BEREIDINGSTIJD: 20 MINUTEN

MEN NEME (VOOR 2 PERSONEN):

- 1 knolselderij
- 1 flinke hand walnoten
- 250 g champignons
- 100 ml melk naar keuze
- 250 g gesneden andijvie
- 2 el grove mosterd

EN ZO DOE JE HET:

- Snijd de knolselderij in dikke plakken. Schil de plakken en snijd ze in stukjes.
- Kook de stukjes in water met een snuf zout in een kwartier gaar.
- Giet af en stamp fijn met een pureestamper.
- Terwijl je knolselderij kookt, rooster je de walnoten in een droge koekenpan totdat ze beginnen te verkleuren.
- Maak de champignons schoon met een keukenpapiertje en snijd ze in plakjes. Bak ze in een koekenpan met een scheut olie in 10 minuten goed bruin en gaar.
- Verwarm de melk in een pannetje (niet koken!) en schenk over de puree. Meng goed door.
- Meng nu ook de andijvie, de champignons en een flinke snuf peper en zout door de puree.
- Roer de mosterd erdoor en maak af met de walnoten. Klaar is je stamppot!

Go online!

Chickslovestamppot. Als je op onze website zoekt op stamppot krijg je een aantal heerlijke varianten, zoals verschillende zoete aardappelstamppotjes, good old boerenkoolstamp en een paar frisse lentevarianten.

Natuurlijk ook
lekker met een
mager bieflapje.

Lekker met wat verse munt erover!

Marokkaanse geroosterde kikkererwtenschotel

Elise: 'Dit is een gerecht naar mijn hart. Want hier leg je bijna alle ingrediënten op een ovenplaat en de oven doet z'n werk. En hoe!'

BEREIDINGSTIJD: 40 MINUTEN

MEN NEME (VOOR 2 PERSONEN):

- 350 g kikkererwten uit een pot (uitlekgewicht zo'n 230 gram)
- 250 g kleine trostomaatjes
- 1 aubergine
- 2 tl komijnpoeder
- 50 g blanke amandelen
- 30 g gedroogde pruimen zonder pit

EN ZO DOE JE HET:

- Verwarm de oven voor op 200 graden.
- Haal de kikkererwten uit de pot, giet het water af en dep ze droog met keukenpapier.
- Strooi ze op een helft van een met bakpapier beklede ovenplaat.
- Leg naast de kikkererwten de trostomaatjes op een kwart van de ovenplaat.
- Snijd de aubergine in dunne plakjes, snijd vervolgens nog een keer door de helft en leg de plakjes op de overgebleven ruimte van de ovenplaat.
- Besprenkel het geheel met het komijnpoeder, een flinke snuf peper en zout en een scheut olie.
- Zet de ovenplaat in de oven en bak 30 minuten.
- Rooster ondertussen de amandelen in een droge koekenpan in enkele minuten goudbruin.
- Doe de pruimen in een bakje kokend water en laat afgedekt 10 minuten staan.
- Snijd de pruimen in kleine stukjes en verdeel ze over 2 kommen.
- Haal de ovenplaat uit de oven en verdeel alles over de kommen. Roer door elkaar en maak af met de amandelen.

BORREL

Borrelnootjes, bitterballen en kipnuggets. Vet? Welnee. Blader verder, want ze staan alle 3 écht in ons skinny borrelhappen-hoofdstuk. Dus neem gerust nog een proseccootje extra, want

deze superlekkere borrelhapjes zijn in ieder geval géén dikmakers.

Vega bitterballen

Nina: 'OH YES! Eén van mijn grootste eurekamomenten tijdens het maken van dit boek, had ik toen deze vegetarische bitterballen met oesterzwammen uit de oven kwamen. Crunchy van buiten, zacht van binnen. En lekker healthy natuurlijk! Ook mijn vriendinnen lieten merken dat ze fan zijn, binnen 3 minuten waren alle 15 ballen op.'

BEREIDINGSTIJD: 25 MINUTEN

MEN NEME (VOOR 15 BITTERBALLEN):

- 4 lichtbruine spelt-boterhammen
- 150 g oesterzwammen
- 2 tenen knoflook
- 1 flinke hand verse bladpeterselie
- 150 g Hüttenkäse of cottage cheese
- 1 ei

EN ZO DOE JE HET:

- Verwarm de oven voor op 200 graden.
- Rooster de 4 speltboterhammen droog en goudbruin in een broodrooster en doe ze in de keukenmachine. Maal tot kruimels. Haal ¾ van de kruimels uit de keukenmachine en zet weg. Een kwart laat je zitten.
- Verwarm 2 el olie in een koekenpan en voeg de oesterzwammen toe. Bak 8 minuten en pers dan 2 teentjes knoflook boven de pan uit. Roer goed door en bak nog 2 minuten.
- Haal de oesterzwammen met knoflook uit de pan en doe in de keukenmachine bij de kruimels.
- Voeg ook de peterselie toe.
- Meng de Hüttenkäse met peper en zout en doe ook in de keukenmachine.
- Breek het ei erboven en voeg nog wat peper en zout toe. Mix tot een grof, plakkerig mengsel waar je balletjes van kunt draaien. Te nat? Voeg dan nog wat broodkruimels toe.
- Draai balletjes van het mengsel en rol ze door de overgebleven broodkruimels.
- Leg de bitterballen op een met bakpapier beklede ovenplaat en schuif de oven in.
- Bak in 15 minuten goudbruin.

Tip

Heerlijk met mosterd, maar ook de yoghurt-muntsaus van de burgers van pagina 46 doet het goed bij deze bitterballen!

3x Borrel'nootjes'

Elise: 'Oh my, ik ben zo dol op knabbels! Zeker in het weekend, rond een uur of 4 's middags is het echt tijd voor een goed glas wijn met wat schaaltjes met nootjes op tafel. Mijn zus noemt dat apero'en. En wij hier thuis nu ook. Het geeft me zo'n ultiem weekendgevoel. En dat borrelen met nootjes kan echt wel skinny hoor. Kijk maar!'

KNAPPERIGE WITTE BONEN MET AMANDELSCHAAFSEL EN ZEEZOUT

(VOOR 1 SCHAALTJE):
Verwarm de oven voor op 200 graden. Giet het water uit een pot met 200 g witte bonen af, schep de bonen op een met keukenpapier bekleed bord en dep ze goed droog. Verdeel ze over een met bakpapier beklede ovenplaat, bestrooi met een flinke snuf peper, zout en 1 el olie en schuif ze de oven in. Bak 20 minuten. Strooi dan 1 el amandelschaafsel erover en bak nog zo'n 3 minuten. Haal ze uit de oven, schep in een schaaltje en bestrooi met een klein beetje grof zeezout en een paar druppels olie.

BEREIDINGSTIJD: 25 MINUTEN

PITTIG GEROOSTERDE KIKKERERWTEN

(VOOR 1 SCHAALTJE):

Verwarm de oven voor op 200 graden. Haal 200 g kikkererwten uit een pot, laat ze uitlekken op een met keukenpapier bekleed bord en verspreid ze dan over een met bakpapier beklede ovenplaat. Bestrooi ze met peper, zout, een flinke snuf komijn, een snuf chilipoeder en wat olie en schuif de oven in. Bak ze 15 minuten, schep ze vervolgens om en bak nog eens 15 minuten. Haal ze uit de oven en serveer in een schaaltje.

BEREIDINGSTIJD: 35 MINUTEN

CRUNCHY EDAMAMEBOONTJES MET SESAM

(VOOR 1 SCHAALTJE):

Verwarm de oven voor op 200 graden. Strooi 200 g gepelde edamamebonen op een met bakpapier beklede ovenplaat. Bestrooi ze met peper, 1 el sojasaus, 1 el sesamzaad, een snuf grof zeezout en 1 el sesamolie. Hussel goed door elkaar, schuif ze in de oven en bak 30 minuten. Schep ze in een schaaltje en serveer.

BEREIDINGSTIJD: 35 MINUTEN

Go online!

Op Chickslovefood.com vind je nog veel meer gezonde snack-recepten!

Gebruik je een pak waar 2x 5 vellen filodeeg in zitten? Snijd dan het 5e vel doormidden, bestrijk 1 helft met ei, leg de andere helft hierop, bestrijk hier de bovenkant weer met ei en bestrooi met de ingrediënten. Zonde om weg te gooien!

Italiaanse filodeegcrackers

Elise: 'Nina en ik zijn gek op filodeeg. We maken er taarten, cupcakes en kaaswafels mee. Allemaal zo lekker! Deze skinny crackers met verse rozemarijn en olijven zijn mijn nieuwe filo-favorieten van dit moment.'

BEREIDINGSTIJD: 15 MINUTEN

MEN NEME (VOOR 12 CRACKERS):

- 1 ei
- 4 vellen filodeeg
- 2 takjes verse rozemarijn
- 1 teen knoflook
- 2 el van je favo olijven
- 2 el maanzaad

EN ZO DOE JE HET:

- Verwarm de oven voor op 180 graden.
- Klop het ei los in een kommetje.
- Bestrijk een filodeegvel met ei, leg daarop weer een vel en bestrijk ook deze met ei. Leg opzij en herhaal dit met de overige 2 vellen.
- Knip de rozemarijn fijn, pers de knoflook uit en snijd de olijven in kleine stukjes. Meng door elkaar.
- Verdeel dit mengsel over de bovenkant van de filodeegvellen.
- Maak de vellen af met de maanzaadjes, wat peper en grof zout, besprenkel ze licht met olie en leg ze op een met bakpapier beklede ovenplaat.
- Schuif ze laag in de oven en bak in zo'n 10 minuten knapperig.
- Haal de vellen uit de oven en breek in stukjes.

Go online!

Ook zo gek op filodeeg? Ga dan naar Chickslovefood.com, tik 'filodeeg' in bij de 'uitgebreid zoeken'-functie en check al onze andere filodeegrecepten.

3x Verse springrolls

Nina: 'Ik vind springrolls, of verse loempiaatjes, tot de lekkerste borrelhappen behoren. Niet alleen omdat ze zo lekker licht en healthy zijn, ook omdat je er eindeloos mee kunt variëren. Probeer deze 3 varianten maar eens!'

GARNALENROLLETJES

(VOOR 8 STUKS)

Bak 8 voorgekookte, gepelde garnalen en 1 teen geperste knoflook 3 minuten in 1 el olie. Snijd dan de garnalen in stukjes. Pak 1 rond rijstvel, leg deze in een diep bord met warm water totdat hij zacht wordt. Leg nu het vel voor je neer en vouw bovenaan en onderaan 1 cm van het vel naar binnen. Leg ¼ van de garnalenstukjes in een strook in het midden en druppel er wat overgebleven bakolie met de knoflook-stukjes over. Maak af met reepjes komkommer, enkele blaadjes koriander en 1 hand taugé. Rollen maar! Herhaal dit voor nog 3 rijstvellen. Snijd de rollen in tweeën.

BEREIDINGSTIJD: 10 MINUTEN

Rijstvellen koop je bij de Chinese supermarkt en sommige gewone grote supermarkten.

GROENTEROLLETJES

(VOOR 8 STUKS)

Kook 8 peultjes 3 minuten in een pan met water en een snuf zout en snijd in reepjes. Snijd 3 radijsjes in dunne plakjes. Verdeel ¼ van de peultjes en radijsjes over 1 geweekt rijstvel. Maak af met 1 handje gehakte cashewnoten, wat wortelreepjes en enkele blaadjes munt. Vul zo in totaal 4 rijstvellen, ook deze rol je op dezelfde manier op als bij de garnalenrolletjes staat beschreven. Snijd de rollen in tweeën.

BEREIDINGSTIJD: 10 MINUTEN

TOFUROLLETJES

(VOOR 8 STUKS)

Knijp 150 g tofu uit, snijd in stukjes en leg voor 20 minuten in een bakje sojasaus om te marineren. Bak vervolgens 8 minuten goudbruin in 2 el olie. Schep ¼ van de tofustukjes op een geweekt rijstvel in een strook in het midden. Maak af met 1 tl sesamzaad, ¼ rode peper in dunne ringetjes en wat reepjes Chinese kool. Rol op zoals staat beschreven bij de garnalenrolletjes en herhaal voor nog 3 rijstvellen. Halveer de rollen.

BEREIDINGSTIJD: 30 MINUTEN

3x lekkere diptip

- sojasaus
- hoisinsaus
- zoete chilisaus

Hartige maïsmuffins

Elise: 'Hoe lekker kunnen muffins zonder meel zijn? Ik verzeker je: héél lekker! Serveer deze maïsmuffins warm en ze zijn in no time op. Wedden?'

BEREIDINGSTIJD: 40 MINUTEN

MEN NEME (VOOR 8 MUFFINS):

- 2 el pompoenpitten
- 5 zongedroogde tomaten (uit een pot met olie)
- 1 teen knoflook
- 100 g maïs uit een pot
- 4 eieren
- 200 g Hüttenkäse of cottage cheese

EN ZO DOE JE HET:

- Verwarm de oven voor op 190 graden.
- Rooster de pompoenpitten in een droge koekenpan op middelhoog vuur in enkele minuten goudbruin. Haal uit de pan en doe in een kom.
- Snijd de zongedroogde tomaten in heel kleine stukjes, pers de knoflook uit en voeg toe aan de pitten.
- Doe alle overige ingrediënten in de kom erbij en roer goed door elkaar. Breng op smaak met een flinke snuf peper en zout.
- Bestrijk 8 holtes van een muffinvorm licht met olie en schep het mengsel hierin.
- Schuif de vorm in de oven en bak in 30 minuten gaar.
- Haal de muffins uit de oven, laat iets afkoelen en serveer!

Bedek de holtes van de muffinvorm met stukjes bakpapier, (verfrommel eerst tot een prop, dan krijg je het papier makkelijker in de holtes) zo komen de muffins nog beter uit de vorm.

Ook lekker om met courgette te maken.

Auberginerolletjes

Nina: 'Mmm, borrelen met gezonde hapjes... what's not to like? Elise en ik zijn allebei sowieso auberginеverslaafd. We eten het met lunch, als diner én bij de borrel dus. Want echt, deze heerlijke auberginerolletjes met frisse muntsaus passen perfect op je healthy snackplateau!'

BEREIDINGSTIJD: 20 MINUTEN

MEN NEME (VOOR 15 ROLLETJES):

- 2 aubergines
- 1 halve rode peper
- 1 teen knoflook
- 1 flinke hand verse munt
- 100 ml Griekse yoghurt
- 2 el amandelschaafsel

EN ZO DOE JE HET:

- Snijd de aubergines in de lengte in plakken met een dunschiller of kaasschaaf.
- Kies de grootste plakken en bestrijk ze aan beide kanten met wat olie en bestrooi met peper en zout.
- Verwarm een grillpan op hoog vuur en leg de plakken erin. Gril ze aan beide kanten een minuut of 4, totdat er mooie grillstreepjes ontstaan. Haal ze uit de pan en laat de plakken helemaal afkoelen.
- Ondertussen maak je de vulling. Snijd de rode peper in stukjes, pers de knoflook en maal deze samen met de munt, een snuf peper en zout en 3 eetlepels olie (liefst extra vierge olijfolie) met je staafmixer of keukenmachine tot een gladde puree.
- Roer de puree door de Griekse yoghurt.
- Rooster het amandelschaafsel in een droge koekenpan goudbruin.
- Schep op het begin van elke aubergineplak een kleine eetlepel yoghurtmuntsaus en bestrooi met wat amandelschaafsel. Rol voorzichtig op en zet vast met een cocktailprikker. Herhaal tot alle aubergineplakjes op zijn.

Kokos-kipnuggets

Elise: 'Zeg maar dag tegen die vette, kleffe fastfood nuggets. Hello healthy kipnuggets uit de oven! Echt superlekker met die kokos. Deze kipjes worden dan ook verslonden door Samuel. Weet hij veel dat ze eigenlijk best wel skinny zijn :-).'

BEREIDINGSTIJD: 40 MINUTEN

MEN NEME (VOOR 2 PERSONEN):

- 3 el boekweitmeel
- 1 ei
- 5 el amandelmeel
- 3 el geraspte kokos
- 200 g kipfilet
- 1 snuf chilipoeder

EN ZO DOE JE HET:

- Verwarm de oven voor op 180 graden.
- Maak 3 schaaltjes: 1 met boekweitmeel, 1 met losgeklopt ei en 1 met een mengsel van het amandelmeel, de kokos en een flinke snuf peper en zout.
- Snijd de kipfilet in blokjes en bestrooi ze met peper, zout en het chilipoeder.
- Haal de stukjes kipfilet eerst licht door het boekweitmeel, dan licht door het ei en vervolgens door het kokos-amandelmeelmengsel. Leg de nuggets op een met bakpapier beklede ovenplaat.
- Herhaal dit met de overige stukjes filet.
- Zet de nuggets in de oven en bak 15 minuten. Draai ze dan om en bak nog eens 15 minuten, tot ze krokant en gaar zijn.

Serveertip

Lekker met een zelfgemaakt mosterdsausje van 2 el olijfolie, 2 el honing, 1 el azijn en 2 el mosterd!

SKINNY SINNERS

Gingen we in ons vorige boek nog lekker los met boter en suiker, in dit boek zijn ook de Sinner Sundays skinny. Volop genieten van carrot cake, candybars en brownie, maar dan in varianten die ook heus wel op doordeweekse dagen mogen ;).

Weet jij al welke je als eerst gaat maken?

Chunky Banana-ijs

Elise: 'Ik ben dol op bananenijs met stukjes chocolade en noten. Dus toen ik erachter kwam dat je dit op een skinny manier kunt maken, was ik übergelukkig. Dit smaakt zo lekker én ongezond, maar het is juist super healthy. En zó simpel te maken, zonder ijsmachinegedoe!'

BEREIDINGSTIJD: 5 MINUTEN
+ MINIMAAL 6 UUR VRIESTIJD

MEN NEME (VOOR 2 PERSONEN):

- 3 bananen
- 1 hand gemengde noten (bijvoorbeeld hazelnoten, walnoten en amandelen)
- 50 g pure chocolade (minstens 70% cacao)

EN ZO DOE JE HET:

- Pel de bananen, snijd ze in plakjes, doe ze in een diepvrieszakje en vries de bananen minimaal 6 uur in.
- Maal de bevroren bananen met de noten en de chocolade in een keukenmachine kort door elkaar, verdeel over 2 schaaltjes en serveer direct, of vries het ijs in en haal zo'n kwartier voor serveren uit de vriezer.

Variatietip

Varieer met je skinny bananenijs, door bijvoorbeeld bevroren aardbeien erdoor te mengen, of cacao en honing, of walnoten en kaneel, of... Nou ja, varieer met van alles en nog wat!

Carrot Cake

Nina: 'Toegegeven, het duurde even voordat ik de 6 juiste ingrediënten bij elkaar had gevonden voor een healthy carrot cake. Maar yes, het is gelukt! En hoe! Deze skinny worteltjestaart is smeuïg en lichtzoet. Op z'n allerlekkerst dus. :-) Op een vriendinnen-avond ging-ie dan ook tot de laatste kruimel op!'

BEREIDINGSTIJD: 1 UUR EN 10 MINUTEN + 30 MINUTEN AFKOELEN

MEN NEME (VOOR 1 TAART):

- 250 g volkoren speltmeel
- 16 g bakpoeder (1 zakje)
- 300 g wortelen
- 150 ml Griekse yoghurt
- 1 flinke hand walnoten
- 4 bananen

Tip

Wil je de taart nog wat zoeter? Dan kun je 100 ml honing of een handje gehakte dadels aan het beslag toevoegen.

EN ZO DOE JE HET:

- Verwarm de oven voor op 180 graden.
- Pak een springvorm van 22 cm doorsnede en leg bakpapier op de bodem waar je de ring overheen klemt. Vet de zijkanten in met wat olie.
- Was de wortelen, maak ze schoon en rasp ze in de keukenmachine (of met de hand) tot fijne sliertjes. Zet even weg.
- Zeef het speltmeel samen met het bakpoeder en een snuf zout boven een kom en doe vervolgens in de kom van een keukenmachine.
- Breek 3 bananen in stukjes en doe samen met 75 ml Griekse yoghurt in de kom erbij.
- Smelt 150 ml olie (liefst kokosolie met kokossmaak) in een steelpannetje en doe samen met 100 ml water ook in de keukenmachine.
- Mixen maar! Meng kort tot je een redelijk egale massa hebt, maar je hier en daar nog wel een klein stukje banaan ziet.
- Breek de walnoten in stukjes, houd een klein handje achter voor de topping straks.
- Spatel de wortelsliertjes en de walnoten door het beslag.
- Schep het beslag in de springvorm en schuif de oven in.
- Bak in ongeveer 55 minuten gaar. De taart is klaar als je er een satéprikker insteekt en deze er weer droog uitkomt.
- Laat de taart helemaal afkoelen en maak dan de topping. Doe de overgebleven 75 ml yoghurt samen met de laatste banaan in de keukenmachine en meng tot een egale massa. Smeer uit over de bovenkant van de taart, bestrooi met de overgebleven walnoten en dien meteen op.

Maak de topping op het allerlaatste moment, want deze is op z'n allerlekkerst als-ie supervers is. Je kunt de taart zelf wel een dag van tevoren maken.

3x Easy Skinny Toetje

Nina: 'Een heerlijke pagina uit ons eerste boek: 3x easy toetje. Met chocolademousse, appelcrumble en een vlaflip, mmm... Heel erg leuk: ditmaal zijn we aan de slag gegaan met healthy varianten van deze 3 toppers. Net zo lekker!'

VLAFLIP

CHOCOLATE CHIP MOUSSE
APPELCRUMBLE
Lekker met het ijs van pagina 129

CHOCOLATE CHIP MOUSSE

MEN NEME (VOOR 2 PERSONEN):

- 2 avocado's
- 1 banaan
- 2 el cacao
- 2 el honing
- 100 ml kokosmelk
- 50 g pure chocolade (minstens 70% cacao)

EN ZO DOE JE HET:

- Schil de avocado en verwijder de pit. Meng de avocado samen met de gepelde banaan, de cacao, de kokosmelk en de honing in de keukenmachine. Meng tot een gladde massa.
- Breek de chocolade met een mes in kleine stukjes. Spatel de chocolate chips voorzichtig door de mousse.
- Verdeel over 2 kommetjes en geniet!

BEREIDINGSTIJD: 10 MINUTEN

VLAFLIP

MEN NEME (VOOR 2 PERSONEN):

- 2 handen gemengde noten
- 4 el honing
- 400 ml magere kwark
- 200 g aardbeien
- 1 vanillestokje

EN ZO DOE JE HET:

- Hak de noten grof met een hakmes. Verwarm 1 el olie in een koekenpan, voeg de gehakte noten toe en bak 3 minuten tot ze beginnen te verkleuren. Doe er dan 2 el honing bij, roer door en haal van het vuur. Laat 5 minuten staan.
- Verdeel driekwart van de noten over 2 glazen.
- Schep de helft van de kwark op de notenbodempjes.
- Snijd driekwart van de aardbeien fijn en verdeel over de kwarklaagjes.
- Meng het merg uit het vanillestokje en 2 el honing door de overgebleven magere kwark en schep op de aardbeien.
- Maak af met de overgebleven aardbeien en het restje noten.

BEREIDINGSTIJD: 15 MINUTEN

APPELCRUMBLE

MEN NEME (VOOR 2 PERSONEN):

- 2 zure appels
- 50 g amandelmeel
- 40 g kokosolie
- 4 el honing

EN ZO DOE JE HET:

- Verwarm de oven voor op 190 graden.
- Schil de appels en snijd ze in kleine stukjes.
- Doe het meel, de honing en de kokosolie samen met een snuf zout in een kom, meng kort met je handen door elkaar en maak er kruimels van.
- Leg de stukjes appel op de bodem van een ingevette, kleine ovenschaal.
- Strooi hierover de deegkruimels.
- Bak de appelcrumble in 25 minuten krokant.

BEREIDINGSTIJD: 30 MINUTEN

Je kunt de bonbons in een afgesloten doosje enkele dagen in de koelkast bewaren.

Bonbons

Elise: 'Een schaal met hazelnootbonbons voor je, die helemaal niet ongezond zijn. Dat is toch een droom? Nou, bij dezen wordt die droom werkelijkheid! Oké, het is natuurlijk niet hetzelfde als echte bonbons, maar ik stond versteld over hoe lekker "ongezond" deze bonbons smaken.'

BEREIDINGSTIJD: 40 MINUTEN

MEN NEME (VOOR 12 BONBONS):
- 13 ontpitte dadels
- 1 hand hazelnoten
- 4 el geraspte kokos
- 40 g pure chocolade (minstens 70% cacao)
- 1 el cacao

EN ZO DOE JE HET:
- Week de dadels enkele minuten in een kommetje met kokend water.
- Maal 20 g hazelnoten in een keukenmachine tot fijne stukjes. Doe in een schaaltje, voeg 1 eetlepel geraspte kokos toe, meng door elkaar en zet weg.
- Haal de dadels uit het water, knijp het water eruit en doe ze in de keukenmachine.
- Voeg de overgebleven hazelnoten en geraspte kokos toe, gevolgd door de in stukjes gebroken chocolade. Meng alles door elkaar tot een plakkerig mengsel.
- Schep het mengsel uit de keukenmachine en draai hier 12 balletjes van.
- Haal de helft van de balletjes door het hazelnoot-kokosmengsel en leg ze daarna naast elkaar op een bord. Haal de andere helft door de cacao. Leg ook deze op het bord.
- Zet de bonbons in de koelkast en laat 30 minuten opstijven.
- Doe ze dan in een schaaltje en serveer.

Chocolate Chip Cookies

Nina: 'Een échte Sinner bevat voor mij chocolade. Dus dat er Skinny Sinners bestaan met chocolade, vind ik op z'n zachtst uitgedrukt behoorlijk prettig. :-) En ik niet alleen, wie ik deze koekjes ook voorschotel, de schaal is in no time leeg.'

BEREIDINGSTIJD: 30 MINUTEN

MEN NEME (VOOR 12 KOEKJES):

- 75 g speltmeel
- 75 g havermout
- 4 ontpitte dadels
- 1 ei
- 2 el honing
- 50 g pure chocolade (minstens 70% cacao)

EN ZO DOE JE HET:

- Verwarm de oven voor op 180 graden.
- Doe het meel, de havermout, de dadels, het ei en de honing samen met 1,5 eetlepel olie (liefst kokosolie) en een snufje zout in een keukenmachine en mix kort. De substantie mag best grof blijven. Te droog? Voeg een scheutje water toe. Te nat? Doe er dan nog een klein beetje speltmeel bij.
- Hak de chocolade in kleine stukjes met een mes.
- Prak de stukjes met een vork door het koekjesmengsel.
- Vorm bolletjes ongeveer zo groot als een bitterbal van het beslag en druk ze plat op een met bakpapier beklede ovenplaat.
- Schuif de oven in en bak in 20 minuten goudbruin.

Variatietip

Qua variatie kun je echt all the way gaan. Voeg eens wat rozijnen en walnoten toe, of vervang de chocolade door stukjes gedroogde mango en cashewnoten.

Eet ze dezelfde dag nog op, ze zijn vers écht het lekkerst!

Brownie

Elise: 'Heb je weleens zelf brownie gemaakt? Zo ja, schrok je van de hoeveelheid suiker die daarin gaat? Ik wel, ik wist niet wat ik zag! Wel zo fijn dat dat ook anders kan. Kijk maar! Enne, laat je niet afschrikken door de bonen. Die proef je niet, maar zorgen wel voor een enorme smeuïgheid. '

BEREIDINGSTIJD: 40 MINUTEN

MEN NEME (VOOR 1 BROWNIE):
- 400 g zwarte bonen (uitlekgewicht zo'n 265 g)
- 2 eieren
- 4 el cacao
- 5 el honing
- 1 flinke hand walnoten
- 1 tl bakpoeder

EN ZO DOE JE HET:
- Doe alle ingrediënten behalve de walnoten in een keukenmachine, voeg 1 eetlepel olie toe en meng tot een heel glad beslag.
- Doe de walnoten erbij en maal kort door het beslag, zodat er nog stukjes walnoot te zien blijven.
- Schep het mengsel in een (brownie)bakvorm en zet de vorm in de oven.
- Bak de brownie 30 minuten, haal 'm dan uit de oven, laat iets afkoelen en smullen maar!

Go online!

Op Chickslovefood.com hebben we een categorie 'healthy baksels', bomvol gezonde, zoete bakrecepten.

Dankwoord

Het is ongelooflijk om te zien hoe ons eerste boek een plekje heeft verworven op de boekenplanken en in de keukenkastjes van duizenden kokende chicks. En daar hopen we nu weer op! Dank, lieve Willemijn, voor je kritische blik én eeuwige begrip! En Charley, pr-tijger, thanks voor alles! Dank, Harold en Mariët, voor de ongelooflijk mooie foto's (en gezelligheid!), dank, Sophi, voor het zo mooi vormgeven van ons papieren kindje. En tot slot, Laura, thanks voor al je hulp en toewijding, topper!

Elise: 'Nien, ik ben mega trots op jou en op alles wat wij bereikt hebben en doen. Nu al verliefd op jouw little boy! Wendy, ik ben een geluksvogel met zo'n trouwe vriendin als jij. Lisette, powerwoman, ik ben trots op jou! Martine & Mark, Esther, mijn schoonfamilie en all the others: thanks! John, Dicky, Maurice, Olga, Olivier, Lobke, Ric, Brenda (ik ben nog steeds übertrots op jouw kookkwaliteiten!), Yannick en Mats: ik ben een gezegend mens met jullie om me heen. Marilou en Paul: tata lafs joe, Jean-Paul, leukste zwager ever en mijn lieve zus: zo ver weg en toch zo dichtbij, altijd betrokken bij mijn werk. Een betere zus had ik me niet kunnen wensen. Pap en mam, dank voor al jullie hulp, liefde voor mij, mijn vriend en mijn kind. Zonder jullie was ook dit boek er niet geweest. Mars, door dik en dun, jij staat aan mijn zij. Beste én knapste papa ever. Dank voor alles, schat! Lieve Samuel, mama lafs joe héél veel. Je bent mijn alles, dank voor alle energie die je mij elke minuut geeft. Dit boek is speciaal voor jou, papa en de baby!'

Nina: 'Elies, wat ben ik trots op alles wat wij hebben neergezet, dit had ik nooit met iemand anders gekund. You're the best! Heel veel dank aan pap en mam, die ongelooflijk lief en geduldig zijn geweest na het verschijnen van het eerste boek en tijdens het maken van boek 2 een vinger aan de pols hielden. Evenals lieve, trotse Thomas, Roos en Philip, mijn schoonfamilie en natuurlijk m'n vriendinnen. Vriendinnen zijn de familie die je kiest, zeggen ze. Nou, zo voelt dat zeker. Glunderend van trots of als sparring partner, wat moest je zonder ze? Liefste smurfjes, Lob, Lies, Eef, Greetie, Dionne, Rox en andere lieve chica's (you know who you are...), love you. En allerliefste Bart, alsof Chickslovefood.com een multinational is geef je adviezen, ben je betrokken en denk je mee. Wat ben ik jou dankbaar. Voor álles. Love you forever. En dan nog dat laatste wezentje. In mijn buik. Met jou in m'n belly voel ik me sterker en happier dan dat ik me in lange tijd heb gevoeld, best handig als je een boek maakt. See you in december! <3'

Index

S

T

V

W

Y

Z